他温暖的世界
你一定没见过

The Happiness

Is

Just Enough

幸刚刚好
福

张丹峰

北京联合出版公司
Beijing United Publishing Co.,Ltd.

图书在版编目（CIP）数据

幸福刚刚好 / 张丹峰著 . — 北京：北京联合出版
公司 , 2016.10

ISBN 978-7-5502-8711-2

Ⅰ . ①幸… Ⅱ . ①张… Ⅲ . ①张丹峰－生平事迹
Ⅳ . ① K825.78

中国版本图书馆 CIP 数据核字 (2016) 第 231852 号

幸福刚刚好

作　　者：张丹峰
责任编辑：龚　将　夏应鹏
封面设计：付诗意
版式设计：罗　鋆（@JUUUN_L）

北京联合出版公司出版
（北京市西城区德外大街 83 号楼 9 层　100088）
北京盛通印刷股份有限公司印刷　新华书店经销
字数 137 千字　　700 毫米 × 980 毫米　1/16　　17.5 印张
2016 年 10 月第 1 版　2016 年 10 月第 1 次印刷

ISBN 978-7-5502-8711-2
定价：49.80 元

序

我是一个嫌生命周期太短的人，有时候很恐惧死亡，觉得自己会从这个世界上消失，觉得死亡好恐怖，所以我常常和人家开玩笑："我真的好想再活五百年。"我知道这只是奢望！

从上小学开始，我就有记日记的习惯，一直保持到今天。虽然不是天天都记，但也没有中断过。记录的一些片段，时常翻看一下，会很有感触，像在拼合我已经淡忘的过往，也许这种方法可以让我再多活一次吧！

我不知道这是因为我的贪婪，还是面对恐惧

时的一种无奈，总之，我很享受记日记的过程，也可以说我是个喜欢回忆过去的人。

怕死是一种懦弱的表现吗？我没有深入思考过，我觉得人是有感情、有贪念、有逻辑思维的动物，所以，人对死亡的恐惧是因为他懂得珍惜、留恋身边的事物。

开始想动笔写这本书是在一个深夜，奇怪的是，夜深人静的时候我的思维最活跃，脑子里不停地想事情，逻辑特别清晰，因此也害得我经常失眠！我敢肯定，这本书里的大部分内容是在深夜写出来的！

目　　录

第　一　章　　你就是我的天使

001　　生子计划要快点成功啊！

003　　意外的惊喜

009　　经历"小产"

014　　芝士，小心！

018　　可怕的"产前抑郁症"

025　　带着娘儿俩去普吉

031　　是他，还是她？

036　　想要快点见到你

039　　"公主驾到"倒计时

044　　我们都胖了

第 二 章　　　我的公主降临了

047　我的公主降临了

058　到底要不要给女儿吃奶嘴？

059　和女儿过的第一个情人节

063　一天一个样儿

068　人蚊大战

072　电子驱蚊器到底好不好

074　我的"丑"闺女

081　为女儿掉的第一滴眼泪

086　女儿一百天

088　彤彤的横店剧组生活

095　奶爸的浪漫之旅

103　吃辅食

108　左右开弓

114　育儿专家对偏食的意见

第 三 章　　　　我把青春给了女儿

117　　认识老爸和老妈

125　　"爸爸"，"妈妈"，or "哥哥"？

132　　该死的钢琴

138　　期盼已久的第一颗乳牙

144　　小贴士：乳牙迟出的原因

146　　兄妹情深

156　　父女的第一次跨年倒数

161　　筹备生日宴

173　　星光灿烂的生日趴

188　　与爱共生

199　　安全感

202　　手机里的爸爸

204　　我把青春给了女儿

第 四 章　爱，就是要经常在一起

215　期待紧张之后的放松

218　心中的马尔代夫

228　灾难面前，更爱你

229　一次浪漫之旅

234　常回家看看

236　新年快乐

238　我的牵挂

239　姥姥走了

241　想念姥姥

243　姥姥、姥爷，爱你们！

244　童年

Thank you for coming to my world

第

一

章

你 就 是 我 的 天 使

You are my angel

生子计划
要
快点成功啊！

我现在在飞机上，不知晚点了多长时间，现在是凌晨1：30，到长春应该3点了，希望太太先平安到达！

这次在上海待了半个月，陪老妈、儿子、王叔、老婆，很开心！我很喜欢一家人在一起的感觉，很好！王叔和妈妈煮的饭很合我的胃口，我很享受！

带老妈和儿子去过两次世博园，看他们玩得很开心，我也开心，多累都觉得不累了。呵呵，我是为了家人而活的人！

姥姥走了，很想她！妈妈以后会常来上海，我要让她在上海养老，我也要多多回上海陪她。妈妈的心态很好，永远那么开心、快乐！

我也要妈妈永远开心、快乐！爱你，妈妈！

总之，这次在上海的假期，我感受到了一家人在一起的快乐、温馨，我很喜欢！可能因为我自己是东北人吧，家庭观念很重。

这个假期儿子应该也过得很开心，去了两次"热带风暴"，去了两次世博园，过了一个很有意义的生日，他一定很开心！爱你，崽！

老婆，我们的生子计划要快点儿实施啊！愿主保佑吧！

愿我的家人，顺利、平安、健康！

意外的

惊喜

我觉得，怀孕生宝宝就像中彩票一样，可遇而不可求！

我和领导结婚4年了，拍拖加结婚的二人世界过了也快8年了。其实前两年就有生小孩儿的计划，刚开始意气风发，觉得不就是生小孩儿吗，一次搞定！哈哈，这话说大发了，一次、两次、三次、四次、五次……最后自己已经记不得多少次了，次次对生孩子饱含期待，次次都以失望告终！

啥情况啊，身体有问题？马上去医院查啊，抽血、等报告，最后啥问题都没有，问医生："啥问题没有，怎么还怀不上呢？"医生的回答真是简单而精彩："现代人的通病，找不出原因。""OMG，有'病'最怕没药医！怪不得整天看到'不孕不育的福音''专治不孕不育'的广告，当时还在偷笑，谁会去看这种病呀，生小孩儿多简单，我们现在还避孕呢！呵呵，真是笑人笑己！"

从那时起，我和领导就走上了寻找"不孕不育的福音"之路，什么六味地黄丸，什么蛤蜊生蚝，只要是能"促进"生育的，来者不拒！算时间、测温度，什么方法都用上了，领导的肚子还是一点儿动静都没有！

从开始的信心满满，到四处求医，再到最后的筋疲力尽，哈哈，原来求子之路并不容易呀！我和领导还为这件事认真地聊过一次，领导问我："如果现在怀不上，等过几年我年龄大了，可能就更难怀孕了，到最后可能就真的怀不了了，你能接受吗？"我沉默了一下，脑子里想的不是我以后会不会有后代的问题，而是想到领导的求子之路可谓走得辛苦，每天看她喝着难喝得要死的中药，吃着不想再看到第二次的"助孕食物"……这些我都看在眼里，痛在心里！

在怀孕这件事上，女人的付出绝对要比男人多出不知道多少倍！于是，我做出了一个自认为挺伟大的决定，我说："生不出就不生了呗，别那么大压力，二人世界我还没过够呢！"话虽说得轻松，心里还是有点儿遗憾的，但我打心眼儿里不想再给领导压力了……从那以后，我决定让领导啥医生都不用再看了，啥补药都不用再吃了，顺其自然！有，就是上帝给的最好的礼物；没有，那就继续过我们的二人世界，两人相依相伴牵手到老呗！

我发现上帝是喜欢开玩笑的，当我们已经慢慢放下生小孩儿这个念头的时候，他却悄悄地来了，时间是2013年6月11日，地点在上海。我一直觉得上海是我的一块福地，和领导的相识、相知、相爱都在上海，我爱上海！

在上海测出怀孕是在晚上，刚开始我们是不信的，因为我们已经不知道测过多少次了，每次验孕棒上都只有一条线。今天突然隐现两条线，我都不敢相信自己的眼睛，心想会不会是验孕棒坏了。

　　于是第二天又测，还是两条线，我和领导都有些激动，我说：
"这样吧，为了保险起见，今天晚上我们再测一次，如果还是两条
线，那就是真的了。如果真是那样，我们就改变所有行程，买机票
明天回香港看医生！"为此，我们提前小庆祝了一下，吃了日本刺
身，那是领导的最爱！但后来想起来的时候还有点儿后怕，因为刚
怀孕是不能吃生食的，容易小产。现在真的觉得我们那时好危险，
像在玩火，还好没出事。晚上第三次测，还是两条线，马上改变所
有行程，第二天赶最早班飞机回香港看医生。这一路虽然奔波，但
我的心里美滋滋的！

　　到香港看医生，透过B超，我第一次看到了那个小生命，也算是
第一次看到了我的女儿。一颗豆，带着心跳的一颗豆，它一张一
缩的，我当时的心情是提到嗓子眼儿上的激动，鼻头有点儿酸，
心里五味杂陈，领导历经百般辛苦终于怀上了……赶快平复一下
情绪，继续看我的宝宝。可是，怎么会，我……我突然联想到了
蝌蚪，小时候总在臭水沟里抓的那种小蝌蚪，生命好奇妙！再抬
头看一眼领导，罪恶地联想到了青蛙，哈哈，这个想法至今都没
告诉她，怕挨揍……

唐僧西天取经历经"八十一难",最终取得真经。我和领导求子也算是经历了"八十一苦",最终也收获了意外的惊喜,感恩!

经历

"小产"

何谓"小产"，一听到这两个字就会联想到"流产"，肯定不是什么好事！我是在领导怀孕不到两个月时听到的，不只是听到，还亲身经历过。

刚刚知道领导怀孕了，当然高兴得不得了，想马上打电话给所有的亲朋好友报喜。但领导马上制止了，按香港的习俗，怀孕头3个月不能告诉别人，以免"小产"！当时我还纳闷地问了一句："啥是'小产'啊？"领导马上捂住我的嘴："赶快呸——呸——呸，别提这两个字！""哦，呸——呸——呸。"领导怎么说我就怎么做呗，人要入乡随俗嘛，再说，听到"小产"这两个字，我整个人也开始觉得不舒服了，呸——呸——呸！

　　这头3个月的保密工作做得堪称艰难啊，我这人，心里总是藏不住事，再说这可是件大喜事啊，我都想站在天安门城楼上吆喝呢，告诉全世界我老婆怀孕了！

　　"咋样啊？还没动静？"
　　"嗯嗯，还没动静，但别急，很快就会有动静了！"
　　"你这是啥意思啊，有了？"
　　"啊——没……没！快了，快了，妈，到时候一定会通知你啦！"
　　"这都是干什么啊？神经兮兮的！"唉……为了避免"小产"，我连老妈都瞒了！

　　就在这期间，我上海的好朋友Ben来香港了，我们是十几年的好朋友，一定要招待一下啦！晚上带着领导一起和他吃饭，相见甚欢，多喝了几杯酒，开始有点儿按捺不住了，想马上和老朋友分享领导有喜这件事！领导在饭桌上也感觉到了我的迫不及待，赶紧拿脚在饭桌下踢我。刚开始我绝对明白领导的意思，可多喝两杯后，再加上Ben一直都在问我们的造人计划进行得怎么样了，我终于忍不住将喜事告诉他了。老友当然高兴得不得了，又连连和我干了几杯庆祝。领导见状也没辙，既然说了就说了吧，能和好朋友一起分享这种喜悦也很难得！我也是高兴得不得了，不仅仅是因为可以和好朋友分享我的喜事，还因为我终于可以把这件喜事说出来啦，哈哈！整个晚上我都十分开心！

回到家后，领导突然感觉不舒服，从洗手间出来后，对我说："坏了，我好像'小产'了！""什么？别吓我啊，真的假的？""嗯，下面有血。"OMG，不会吧，我的第一反应就是不会这么快吧！这个习俗这么快就应验了？咋办？我问领导咋办，她马上打电话给她的好朋友Ada（蔡少芬，她已经是两个孩子的妈妈了）求教，因为Ada怀孕的时候曾"小产"过。Ada在电话那头比我们还紧张："马上躺在床上，一动都不能动！不要起身，除了上厕所之外，都要躺着休息！吃饭喝水都在床上，总之不要动了，休息！"领导说："没这么夸张吧？"Ada很严肃地说："这个绝对不是开玩笑的，弄不好就流产了，赶紧躺着休息，什么事都让老公做就行了。对了，还有，手也尽量别抬太高！真的啊，不夸张的！"好吧，看来"小产"真的是件很严重的事，弄不好就会流产，那我可真的要哭死了！

　　我马上听了Ada的建议，让领导躺在床上休息，其他事都由我代劳！如果第二天还流血的话，我们就要马上去看医生！这一晚上，我可没怎么睡，一直在埋怨自己不应该打破这个习俗。唉，如果有什么意外，我一定肠子都悔青了！整个晚上我都在祈祷，千万别出事，千万别出事……

　　第二天，幸好领导已经不流血了，但我们也给医生打电话了，问现在的情况要怎么办，医生建议领导先好好休息，尽量不要再出门做过多运动了，正如Ada所说，连抬手臂都要小心！原来这个"小产"这么恐怖！我就命令领导，别说出家门，连卧室门都别出了，安心养胎！接下来的几天，我的精神是高度紧张的，恨不得让领导一直躺在床上一动不动，生怕她一动肚子里的孩子就会掉出来！唉，谁让我多嘴，非要把这个习俗给点破呢！

　　领导好像也看出了我的心事，安慰我说："你别胡思乱想啊，这个'小产'不关你的事，怀孕头3个月经常会这样的，以后小心点就好了！""哦，那不会是你们怀孕头3个月不能告诉别人的习俗害的吧？""张先生，别那么迷信好不好，我们是基督徒哦！那只是些老人传下来的忌讳而已，能避免就避免，别迷信这些啦！"领导这么说了之后，我才好受些，不然我非埋怨死自己！领导足足在床上躺了十天，最后实在躺不住了，我才陪她出门走走，透透气。去医院检查了一下，胎儿平安，此时，我的一颗心才放下，这次的"小产"风波才算告一段落。感谢上帝！

最后，我真的还要给准奶爸奶妈们强调一下，怀孕前3个月一定要小心，预防"小产"。准妈妈们要吃好、睡好、少动，尤其要减少肚子用力的动作（如搬东西、提重物）。生活正常有规律，不要过于劳累。饮食以清淡为主，忌生冷、寒凉食物，食物一定要煮熟了之后温食，否则很容易引发"小产"！为了准妈妈们不要碰到"小产"的情况，还是要严格遵守我刚刚说的啊，我家领导这个前车之鉴你们也都看到了。如果真的不小心遇到了这种情况，千万别慌张，只要不是很严重——流很多血的那种，可以先卧床休息，尽量不要下床活动，如果还不见好转，就要马上去看医生了。祝大家好运！

芝士，

小心！

从确定领导怀孕之后，我的神经就紧张起来了，"前3个月不安全，小心流产啊……""大肚婆能吃什么啊，不能吃什么啊，小心千万别生病啊……"这些劝告式的话便铺天盖地地涌来，我都被弄蒙了，我哪里懂这些啊！把大家的话都记住吧，那我看，咱领导啥都不能吃了，辣不行，幸好她不好这口；太甜不行，孩子将来会得糖尿病；芝士不能吃……

打住，先说一下芝士吧，学名奶酪，舶来品，好吃！我也是来香港才开始吃的，软的硬的都爱吃，领导更爱吃！但孕妇真的不能吃，尤其是软芝士！刚开始我们不知道孕妇的饮食禁忌，领导爱吃啥买啥，喜欢就好！哪知我们有一次去做产检，也不知道聊

什么就聊到了吃芝士，医生马上变脸，严厉警告我们，尤其是我，不准再给领导吃芝士，担心芝士里面有细菌，尤其是软芝士，这样会危害到胎儿！

听到这些话时我也被吓到了，有点儿后怕，当时就祈祷千万别出事！回来的车上，我心里就计算着，领导吃了多少次芝士，几次是软芝士，几次是硬芝士。坏了，软芝士吃得多啊，她就爱把某品牌的软芝士擦到苏打饼干上吃，那才叫美味啊，每次都吃得不亦乐乎！怎么办？万一影响到胎儿怎么办？领导坐在旁边也没出声，我想她也很害怕吧，一路上车里安静得很……"巴马臣硬芝士撒在意面上，味道真是棒，都不用放盐了……"我打破了车上的宁静，想分散一下领导的注意力，让她别总想着软芝士，心情坏也影响胎儿。呜呜，这里插一句，十月怀胎不容易，伺候十月怀胎更不容易！领导无心敷衍我，继续沉默……

孕妇是有情绪病的，学名"产前抑郁症"，有了"抑郁"两个字，就绝对不能掉以轻心了！她会动不动就发脾气，钻牛角尖！你要把她视作女王，凡事让着她、哄着她。呜呜，再插一句，伺候十月怀胎时，你不仅要是个好的厨师、好的仆人，还要是位好的心理医生，不能总让孕妇闹情绪啊，影响胎儿！一句口号："影响胎儿的事，坚决不能做！"平时的"二十四孝"老公，怀孕期间要变成"二十五孝"老公，多出一个是用来孝敬"女王"的，谁让人家为你传宗接代呢，就这10个月，再怎么着，也要伺候好了，对吧？

言归正传，不可否认，芝士对孕妇是有危害的，尤其是软芝士，坚决不能碰！至于硬芝士呢，可以吃，但还是要少吃。怎么吃？我是做肉酱意粉的时候加，酱汁做好，意粉煮好，再用专门擦硬芝士的擦子，就像平时我们擦土豆丝一样擦芝士，擦完撒到意粉上就好。硬芝士有咸味，所以我的酱汁里面就不放盐了，就靠芝士调味！

说到了酱汁，我又要扯点题外话了，尽量以新鲜食材为原材料，别到超市买那些罐头制品，虽然都已经调好了，很方便，一加热就好，但罐头含有防腐剂，我是坚决不给我家领导吃罐头食品的，尤其在怀孕期间。像我们吃得较多的酱汁不外乎番茄肉酱、海鲜酱、奶油香菇酱，对孕妇来说前两种比较可口，奶油香菇酱太腻了！

前两种做起来很方便，张大厨现在就传授一下番茄肉酱意粉的非官方私房做法：新鲜番茄2个，肉末若干（视食客喜欢肉食的程度，可多可少），大蒜切片，下锅爆香，下肉末炒到变色，但不能全熟，还有点儿血色时，下番茄，最好用手撕成几瓣下锅，此时要加点儿水，小火，慢慢煮干水直至变成酱汁，倒在意面上，最后的程序就是下芝士末，撒在意粉上，就像下雪一样。我特别享受这最后的动作，嗯，很像大厨！

硬芝士推荐巴马臣芝士，绝对不是给它做广告，它也用不着我做，人家在全世界都很有名了！另外，煮意面时我给你们一个小贴士，水开了，先下一勺盐，再下意面，这样意面煮好了就不会粘在一起！

可怕的

"产前抑郁症"

怀孕的头3个月和后3个月，孕妇的身体状况是比较不稳定的，需要特别小心。经历了头3个月的提心吊胆，经历了像"小产"那样可怕的事情，我已经变得"百毒不侵"了，领导怀孕期间出现的任何紧急情况，我都能游刃有余地解决，都快变成半个妇产科医生了，领导有时还开玩笑地叫我小张大夫！原来生活也是一本教科书，"经历"后便能"获取"头衔！哈哈！

看似平静的湖面，也会有暗流涌动！小张大夫马上又遇到了难题——"产前抑郁症"。听说过"产后抑郁症"，还真没听说过"产前抑郁症"。我以为照顾好我家领导的起居饮食、营养搭配，定时做检查就万事大吉了呢，还真没注意到领导在这期间情绪上的变化。在知道领导怀孕后，我就把能推的工作都推掉来照顾她，3个月之后，领导和我提起工作的事："你可以去拍戏了，我应该没什么事了，放心吧。"刚好在这期间，我的经纪人想让我去北京参加一个"偶像盛典"，另外还想约见一些导演和制片人，问我要不要去北京把这些工作完成。我征得领导的同意后，起程去了北京，这是领导怀孕后我第一次离开她，行程只安排了5天，因为我也不想离开领导太久。

到了北京，工作进行得很顺利，约见了几个剧组的导演和制片人。其中有个戏的导演认为我很适合她马上要开始拍摄的一部戏的男主角，问了下我的档期，我也很坦白地和她讲我的太太怀孕了，如果要拍这部戏的话，需要缩短时间，也要尽量配合我，万一太太有任何事情，我需要随时请假回家。导演和制片人很爽快地答应了，但我还是说要问下太太的意思，尽快给剧组一个答复。

当晚我就把事情讲给领导听了，领导在电话的另一边很爽快地说："去拍吧，我这边也稳定了。再说你也不能因为我怀孕就一年不拍戏了，又不是你怀孕，哈哈。"听到领导还这么会开玩笑，我确实也安心了，就答应接下这部戏。

第二天，经纪人做好合约带着我准备去剧组签约，在车上，我的手机响了，我就猜想是领导打来的，她一定会像往常一样嘱咐我签合约要注意些什么。"喂——喂——"我接通电话喂了几声她也没回我，我以为是电话线路的问题，她听不到，但我可以听到她的喘气声，我的第一直觉就是她能听到我讲话，只是不想出声，接下来我的第二直觉就是她有些不对劲，我就又问：

"怎么了，讲话啊？我现在正跟婷婷（我的经纪人）准备去签约了，怎么了？吃午饭了没？"电话那边还是没出声，但是喘气声越来越粗，越来越大。我开始担心了，急忙问："怎么了，老婆，没事吧？""呜呜——呜呜——"领导突然间克制不住，泣不成声了！

说出来怕你们不信，这应该是我第二次看到领导哭，第一次是在她亲哥哥因为脑出血，年纪轻轻就去世的时候。我家领导绝对是个女汉子，是不会轻易哭的，什么"女人是水做的，该哭就哭"，这些在我家领导面前就是屁话！领导说她小时候就像男孩子，整天爱打抱不平，大家都叫她"大家姐"，普通话的意思就是"大姐大"。我当时听到这些还和她开玩笑说"原来你就是传说中的庙街十三妹啊"，话还没讲完她的拳头就已经飞过来了，讲得有点儿夸张啊！

言归正传，领导这一哭，我就知道事情很严重，我马上问："别哭啊，怎么了？哪里不舒服吗？……说话啊，你这不是要急死我吗？"领导在电话那边哭了大概有5分钟，问什么都不回答，慢慢地，她自己强忍着平静下来，哽咽地说："没……没什么，就是心里突然很闷，憋得慌，一会儿就没事了，你赶快去签约吧……""你这怎么是没事呢？我从来没见过你这么难过的样子！""真的没事啦，你看我现在不就好了吗，刚才也不知道为什么突然就这样，真的没事！你放心去签约吧，我先挂了，你一会儿签完再打给我吧。""哦，好吧，那我一会儿打给你啊！"

挂断电话，我连想都没想，转过头，对坐在我后面的经纪人说："婷婷，真的不好意思，这个戏我不接了，你一会儿帮我和剧组导演解释一下，真的真的不好意思。我太太的情绪不太稳定，我想这段时间我就不接戏好好陪她吧，麻烦你再帮我把明天的机票改成今天晚些的，现在先送我去机场，我要提前回家……"一口气把这一大段话讲完后，我就转过头来看着窗外……我提前结束了我的北京行程，返回香港，因为我知道，此刻有两个最需要我的人正在等着我……

从那以后，我几乎推掉了所有的工作，安心陪着领导。其间也有几个会对我的事业有很大帮助的戏来找我，我都偷偷推掉了，我不想让领导知道，如果她知道了一定不会让我推掉，即使推掉了，以她的性格她也会很内疚的！我当然不想再让她胡思乱想了，愉快地安心养胎才是最重要的事。

事业、机会、金钱……此刻在我心中，远远没有我面前这个为
我挺着大肚子的女人重要！

带着娘儿俩

去普吉

领导整天待在家里，觉得好无聊，我就想着给她准备不同的节目，带她去浅水湾沙滩走走啊，去赤柱的旧市场逛逛啊……香港的各个角落几乎都走遍了。

你们一定会说，哎呀，在家也可以看看电视，打打游戏消磨时间嘛！不——可——以！每天我给领导玩电脑、看电视的时间都是有限的，怕有辐射影响胎儿。我还特地去买了防辐射服，专门为孕妇设计的，一个大的罩子扣在领导的肚子上，就像一个大腰封。

我没买那种像一件衣服的防辐射服，以领导爱美的特性是不可能整天穿着那种衣服的，所以我还是建议大家买防辐射的"腰封"就好，这样出门也能戴，外面套一件宽松的衣服一点儿都看不出来，不影响美观！这个是我家领导最看重的，按她的话说："一定要做个漂亮的大肚婆！"

　　我来讲讲我们的生活中哪里会有辐射。首先是手机，最普遍也是最常用的，现代人几乎每天机不离手，恨不得24小时都盯着屏幕。我家领导本来就喜欢拿着手机玩游戏，现在怀孕待在家里更夸张，iPhone+iPad，消磨时间嘛！这样下去哪儿成啊，控制！每天玩游戏的时间不超过3小时，而且要分两三次玩。睡觉的时候，手机、iPad，几乎所有有辐射的电器全部从卧室消失！其实这个习惯所有人都要养成，不单单是孕妇，道理不用讲大家都知道啦！

　　其次是电视、冰箱、微波炉。看电视，控制！每天只允许领导看不超过两小时的电视，还要穿上防辐射服。厨房基本属于禁地，不允许领导进去，什么端茶倒水、煮饭烧水，全部由我一个人代劳！对了，我还要特别提醒，电磁炉绝对是高辐射的玩意儿。幸亏我家不用，但我还是要提醒准奶爸奶妈们，远离电磁炉！即使家里不用，我们去饭店吃饭，尤其是吃火锅，也很容易接触到电磁炉，能避免就避免，实在避不开了一定记住要穿上防辐射服，以防万一嘛！

　　看到这儿你们一定会觉得，这未免太苛刻了吧，比坐牢都恐怖，领导能受得了吗？刚开始当然受不了，坚决不执行我的规定。硬的不行，咱来软的呗，先和领导讲辐射的危害，接着我还要以身作则啊，不让她用咱也不能用！接着就是每天想个节目，想个活动，带着领导去消磨时间，当然，是愉快地消磨时间！

　　这香港大大小小可以消遣的地方，都被我们"消遣"过了，可这才过了三四个月，还有一半的时间怎么过啊？！离开香港，我又担心万一到另一个地方，领导出现不舒服或者什么紧急情况，这不是自找麻烦吗？所以自领导怀孕以来，除了万不得已要到外地去，我们都尽量不离开香港。可以坐车的我们就尽量不坐飞机，飞机在万米高空上的辐射是在地面上的好几倍呢，如果没办法一定要坐飞机的话，也要穿上防辐射服，不坐靠窗位置。在飞机上，远离窗口远离辐射！这里要给大家一个小贴士哦，在机场过安全检查的时候，可以和工作人员说你是孕妇，就不用通过电子门了，那也是有辐射的！

这个时候，我的一个好弟弟要结婚，邀请我们去普吉岛参加他们的婚礼。弟弟求婚时我和领导是见证人，我们都特别感动，当然想再去见证他们的婚礼了。但我的顾虑就是怕领导身体不适啊，普吉岛可不近哦，我又不会泰语，万一……对吧，我可要好好想想！领导毫不犹豫，立刻拍板——去！我的姑奶奶啊，您在香港待不住了想出去我理解，可您是有身孕的人啊，去哪儿都要想清楚，小心谨慎！领导此刻哪儿还听得进我说这么多"废话"，又拿出她"大家姐"的做派，把手一挥，容不得我半句劝告，先把机票订了，再答应弟弟一定会参加他们的婚礼，先斩后奏，这架势是非去不可呀！

既然已经决定去了，那我就要准备充足了，一切可能遇到的情况都要想到。幸好，现在领导是4个月，算是相对稳定的时期，但也不能马虎。先是去医生那里，开好感冒、吃坏肚子、肠胃炎……对应的药，一定要是适合孕妇吃的才行，全部带上！然后我查了一下普吉岛总共有几家医院，地址和电话都记下来。确定酒店的位置，离哪个医院最近，车程要多久，有没有急救电话，可不可以讲英文……此次旅行的攻略绝对与以往不同，以往查下当地的美食和景点就万事大吉，这次，呵呵，比较复杂！

在我准备这些的同时，领导也在准备着，她准备啥呢？绝对验证了她说的那句"一定要做个漂亮的大肚婆"。波西米亚风格的连衣裙，平时M码就OK，如今一定要L码的了；沙滩帽、比基尼泳衣……打住！当我看到她在准备比基尼泳衣的时候，我就愣住了："干吗，你还想游泳？"

"不游泳就不能穿比基尼了？我要让我大肚子时也能穿着泳衣拍照留念！相机准备好，我要多拍呢！"

看来这次普吉岛之行，我不仅是小张大夫，还是摄影师！好吧，领导最大，说啥是啥！单反相机、闪光灯、三脚架一个都不能少！在准备得不能再充分的情况下，我们开始动身去泰国普吉岛。带着娘儿俩去普吉，既兴奋又紧张，祈祷千万别出什么差错，顺顺利利、开开心心！

飞机落地普吉，看着蔚蓝的天空，呼吸着扑面而来的馨香空气，人也精神了好多！这次应该算是领导怀孕以来，我俩第一次出

来旅行，哦，不对，应该是3个人，我还带着我的宝宝，哈哈！接下
来的几天，我们见证了弟弟幸福感动的婚礼；带着娘儿俩漫步在印
度洋海岸；帮领导不停地拍照，要让她做一个最漂亮的大肚婆，哈
哈！看着领导玩得很开心，我也很开心，也很感恩这几天领导一点
儿"意外"状况都没有，除了开心就是开心！

　　我看着她的大肚子，心想："我家宝宝此刻也一定笑着
呢！"……心满意足！

是他，
还是她？

每当我看到新闻报道有婴儿被丢弃在医院时，我就搞不懂，十月怀胎多不容易啊，怎么说弃就弃呢？！后来发现被弃的女婴居多，看来中国这种重男轻女的封建思想还挺根深蒂固的。我绝对不封建，绝对不重男轻女，反倒有儿点重女轻男，哈哈，开玩笑了！我什么都不重，男孩儿女孩儿都是我的后代嘛！

领导之前也问过我，喜欢男孩儿还是女孩儿，其实打心底我挺想要个女儿的。"女儿是爸爸的小棉袄""女儿上辈子是爸爸的小情人"……这些形容女儿的话多浪漫啊，谁不想要个"小棉袄""小情人"呢？

还有个最重要的原因，咳咳，这个原因

一定不能让我家领导看见哦，原因就是——将来家里会多个女婿嘛。现在上门女婿很多啊，儿子都是"妻管严"，老婆说啥就是啥，这个时代当岳父多吃香啊！女婿不"孝敬"好岳父，就别想娶我女儿，哈哈！我不就是个最典型的例子吗？娶个老婆就跟老婆跑了，来到人生地不熟的香港，做个上门女婿！这不是抱怨，是时代所向，不信你问问现在的女孩儿，她们是不是要将来的老公都听她们的，她们去哪儿老公就要跟着去哪儿，还要老公在婚礼上当着亲朋好友的面发誓，半点儿马虎都不行……这是在写回忆录埋怨吗？不是，不是，真的不是……哈哈哈！

领导也是喜欢女儿的，之前已经生了儿子，儿女双全多美好啊！所以我们就有了共同的目标：生女儿！其实从刚开始准备要孩子的时候，我们就已经为生女儿做准备了，平时我不怎么吃辣的，但听说吃辣的生女儿的概率大，从那时起，什么湘菜、川菜，只要是辣的就来者不拒。总之，当时一切都是为生女儿而准备！如今，领导好不容易怀上了，我当然期待她肚子里是我的"小情人"了。

但在"小蝌蚪"刚刚发育的时候，是看不出男女的。但我每天都想老婆肚子里的是个女儿，甚至看到了粉红色的小裙子就想买下留给女儿穿，每当有这种冲动时，领导都及时阻止，大泼冷水地说道："你怎么就确定是女儿呢？不准买！"唉，我心里想，我还不知道你多想要个女儿吗？还装得那么淡定！但回头想想，希望越大，失望也越大，还是别给自己那么大希望，万一，万一呢？要是个男孩儿就不要了？那怎么行，所以啊，别想，别想"小情人"了！

4个月之后，领导要做××检查，听说做这个检查时，大概可以看出是男是女。刚开始听到这个消息的时候，哇，别提有多激动了，马上就能知道是她，还是她！No，No，No，瞧瞧，想女儿想疯了吧，怎么是她还是她呢？！哈哈，可想而知，激动过后就是紧张了，那种心情比我高考等上戏的通知书还紧张100倍！明天就是检查的日子了，我问领导紧张不，她说："不紧张！"转头就回房间休息了。我就知道她是假淡定，不紧张才怪呢！也不知道谁和我说过："再生个男孩儿会疯掉的……"哈哈，此处省略1000字！

检查当天，我们先做了个关于宝宝心跳的检查，需要20分钟，查看胎儿的心率是否正常。用一种仪器可以听到领导肚子里"小蝌蚪"的心跳声，心跳声被放大，好大的心跳声，怦——怦——怦——哈哈，这是我第一次听到我孩子的心跳声，跳得很快，很有力！我和领导都好激动，仿佛这个小生命正在领导的肚子里跳舞，那么有节奏，我的脑海里出现芭蕾舞、小天鹅的画面，好美！芭蕾舞、小天鹅，你们一定觉得我想女儿想疯了吧，哈哈，打住！

20分钟很快就过去了，当我还沉浸在这么有节奏的心跳声中时却被医生的话叫醒："胎儿心率正常，现在要做××检查了！"OMG，马上要知道是男是女了！又是心脏提到嗓子眼儿上的紧张，大气不敢喘一下，连领导也不敢看了。看着做检查的屏幕，这个屏幕比平时的清晰，听着医生的讲解："胎儿骨骼正常，脑骨厚度正常……"我真的看到了胎儿清晰的样子，是透视后的样子哦，鼻子好高，哈哈，这个样子像男孩儿还是女孩儿呢？心里猜测的同时，耳朵竖起来听医生接下来讲的每一句话，讲啊，快讲是男是女啊！

"医生，是男孩儿还是女孩儿啊？"领导突然蹦出这句话。

哈，她终于也沉不住气了。"让我看看啊……嗯……嗯……"我的妈啊，我的医生啊，能别大喘气吗？我的小心脏已经快要跳出来了，瞬间我能感受到领导和我都是屏住呼吸的，就等医生说句话了！"应该是……女儿……""真的？""可以百分之八十确定是女孩儿。"……我的天啊！女儿！女儿！女儿！我激动得想上去亲吻医生，哦，不是，是想亲吻我家领导！哈哈！虽然医生说只有百分之八十的可能性，但从那天以后，我就认定领导肚子里是咱的小情人了！领导还一直假淡定泼我冷水，说还不是百分之百，别高兴得那么早！

领导能怀上就已经是中彩票了，那怀上女儿就是比中头等奖还幸运！愿这份幸运，一直伴随着我的小情人！

想要快点

见到你

终于坐上了飞机，要回哈尔滨了。早上大雾，还好飞机只是晚点，没有取消，上个月就因为哈尔滨大雾没回去。此时在飞机上，有点儿激动，快一年没回去了。每次要回到黑土地的时候都有些莫名的激动，不知道为什么，也许是因为我在这里长大的缘故吧……要吃烧烤、干肠……要吃的太多了，这里的食物才算合我胃口，没办法，就是改不了。我的女儿还有不到两个月就要出生了，挺期待的，希望一切平安吧。

昨天刚下载了小虫的《相见太晚》，一直听到现在，62遍了，佩服自己，这首歌也让我有种莫名的感动！

不知道自己的写作能力是不是强于表达能力，是不是因为懒才会好久不记日记了，不行，要捡起来。不想在电脑上写，没有安全感，很容易就不见了！

"公主驾到"

倒计时

眼看着领导的肚子越来越大了，大到每次看到她那又大又亮的肚子，我就会想到二师兄！二师兄是谁？天蓬元帅猪八戒啊！哈哈，我这是有点儿犯贱了，怎么能这么形容我家领导呢，罪过！罪过！至今我都不敢当面这么形容她，怕受到"惩罚"！哈哈！晚上她起床上厕所的时候，都需要我一只手推她起来。现在我已经被训练成即使我在睡梦中，只要一感觉到她在动，要起床，我就能自然地伸手推她一下，然后接着呼呼大睡，按领导的话说就是："你已经修炼到在睡梦中一掌把我推起的境界了！"最后领导还要加上一句："辛苦了，老公！"嗯，就这最后一句话，最窝心！理解万岁啊，怀孕辛苦，伺候孕妇也不易啊！

　　领导的预产期是2月初，掐指一算还有不到1个月，我就要见到我的小公主啦，想想都激动！激动归激动，家里马上要多一名新成员了，该准备的都要准备充足了！我这个新晋奶爸是没有经验的，一切听领导指挥！先要买张婴儿床，逛了好多家商店，品种也很多，有木制的，有塑料的，有单独一张床的，也有像个小篮子可以放到大人床上的……看花眼了，最后我们买了张木制的婴儿床。

　　这里要给准奶爸奶妈们一个小贴士了，刚刚出生的婴儿最好不要和父母睡在一张床上，因为大人睡觉翻身时可能会压到宝宝，或者盖被子蒙住宝宝的头，这些情况都很危险！刚出生的婴儿是很少有反应的，他们也没有能力自己翻身，有时连哭闹都不会，所以建议买一张单独的婴儿床，摆在大人床的边上，最好是木制的，环保又没有味道。现在的婴儿床都很人性化，一边的床沿可以放低，但一定要高出大人床，这样晚上父母只要面朝婴儿床就可以观察宝宝的一切状况了！

　　接着就要买婴儿的衣服了。话说知道是小公主之后，我就一直想着把她打扮成白雪公主的样子，穿蕾丝花边的小裙子，戴蝴蝶头箍，女孩子嘛，怎么漂亮怎么打扮！但对于刚刚出生的婴儿来讲，这些尚为时过早，衣服还是要以舒服、保暖为主。

"和尚服"要买，像小和尚穿的前面有两条绳子，一绑就好的那种，穿起来方便。如果买上下连在一起的，下面最好有两个扣子可以扣上，这样可以防止衣服滑到上面，小肚皮露出来容易着凉！

无论买哪一种，都要质地柔软舒服的。每次看到领导去买衣服的时候，都要先拿起来在自己的脸上搓一搓，感受一下柔不柔软，脸上的皮肤最为敏感嘛，但大多数时候，领导都借我的脸来"检验"衣服的质地，按她的话说我脸大好搓，这都什么跟什么啊？但为了我家闺女，我也认了，哈哈！

衣服买回来先要用婴儿专用的洗衣液清洗，一定要多洗几遍，因为新衣服上都是有甲醛残留的，别信商家说用的是有机布料。有机的布料也要洗，而且要多淘几遍水，我是有点儿强迫症的，一直淘到盆里的水没有泡沫为止，最多达到15遍，那时我的手，已经掌纹加深、指尖的皮泛白了。呜呜，我的小公

主啊，将来长大了看到这段文字的时候一定要来心疼一下爸爸
啊，嘻嘻！

　　最后也是最重要的就是要买奶粉和奶瓶啦！先说奶粉，为了避
开打广告嫌疑我不提名字，可以先买两种不同牌子的奶粉，因为你
不敢肯定宝宝出生后喜欢喝哪个牌子，如果这个牌子的奶粉不适合
她，可以及时换另一种。哦，对了，我这里要说明一下，我家领导
是不想喂母乳的，现在奶粉的营养都很齐全，喂母乳还是要看母亲
的身体状况的，如果母亲身体不好，母乳的营养应该也不够齐全，
所以我们决定喂奶粉。当然，如果妈妈想喂母乳也是很好的，坐月
子的时候注意下自己的营养摄入就好！怎么突然觉得自己好像育婴
专家似的，哈哈，我觉得啊，每个奶爸都有成为育婴专家的潜质，
起码我正在朝着那个方向迈进呢！

　　奶瓶我们也买了两种，也是怕女儿不适应，因为每个牌子的
奶嘴都不同，有些是圆头的，有些是扁头的，有些奶嘴的眼儿只
在吸的时候出奶，不吸的时候就不出奶，这样可以防止婴儿呛
到。这么多不同的奶瓶、奶嘴都要等公主驾到后亲自尝试一下，
才能知道她喜欢哪种，适应哪种，所以我建议多准备些不同的奶

瓶、奶嘴！

如果经济条件允许的话，可以买个奶瓶消毒器和奶瓶加热器。每次洗完奶瓶之后，最好都放在消毒器中消一下毒，它的原理就是用蒸气消毒奶瓶。奶瓶加热器是个很实用的东西，应该也算是个恒温器，里面有水，设定一个温度，把装好奶或者水的奶瓶放进去，它就可以保持这个温度，这样省去了每次都要拿冷热水调冲奶粉的时间，强烈推荐哦！

一切准备就绪之后，就剩静静等待着我的公主驾到了。时间越近，心情越紧张，哈哈，好像我怀孕要生宝宝似的！哦，对了，最后这几周，我还特别为领导加了些营养，黑芝麻加腐竹，这个是清胎毒的，可以让刚出生的宝宝皮肤好。总之，现在想到的、听到的，只要是觉得对咱家公主和领导有好处的，就全都用上吧！哈哈，我这个准奶爸好得没话说吧！

我们

都胖了

倒计时9天，领导最近这几天在吃黑芝麻糊，可以让宝宝头发多一些；喝腐竹糖水，可以去胎毒，让宝宝出生时不起湿疹。

领导总说自己变肥了，我觉得还好，我也变肥了。

第 二 章

我 的 公 主 降 临 了

/

My princess

was born

我的公主

降临了

每当想提起笔记录下女儿降生的那一刻时，我都有些胆怯，我担心我没有那么精准的词句能表达出我那一刻的心情，所以这篇文章一拖再拖。不敢写，怕写坏了，将来给女儿看到多丢脸啊！哈哈，不写也要写了，那一刻的画面每天在脑海里像过电影一样，再不记录下来，我怕我会精神衰弱了。因为对我来说，用文字记录画面会让心里更踏实些。

领导是预产期当天入的院，一大清早，我们就起床做准备。因为领导是准备开刀的，所以她在开刀前8个小时是不能吃东西

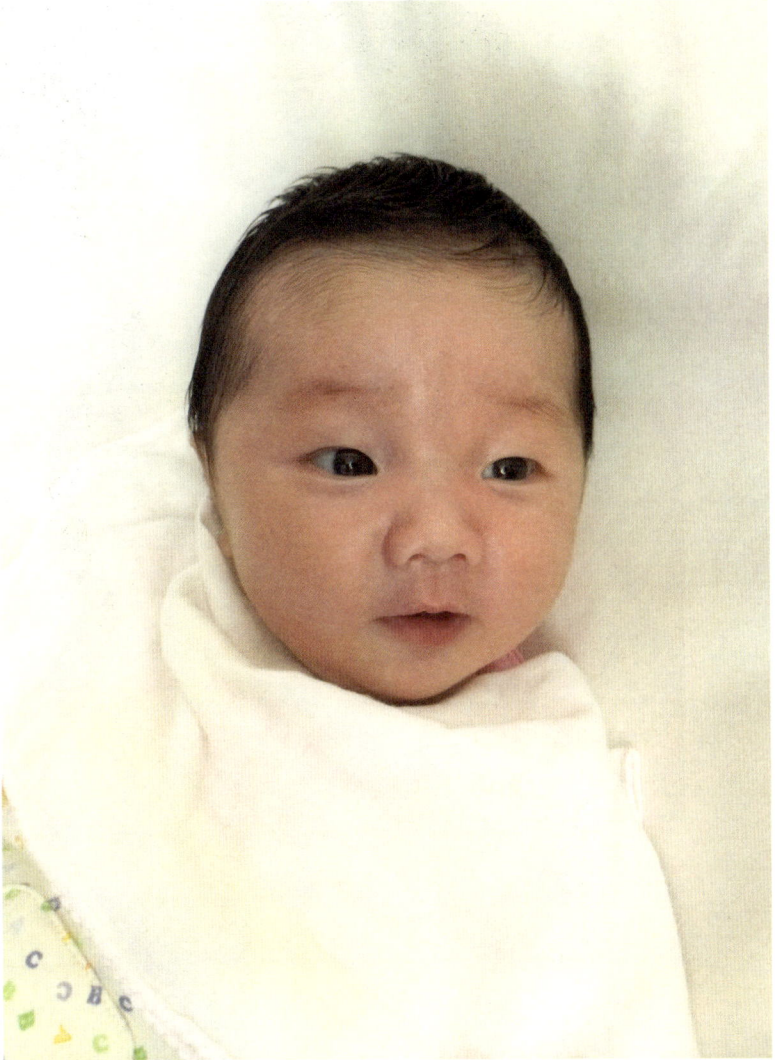

的，水也尽量少喝或者不喝。我吃了早餐后，就匆匆带着领导去了医院。到了医院办好手续后，我问领导："紧张吗？"我家领导挺着大肚子，回眸一瞥，说："我不紧张，不过我担心你一会儿进手术室会紧张哦，你要有点儿心理准备啊！"呵呵，这绝对是女汉子风范，至今想起这段对话时，我对我家领导还有三分仰慕之情。

　　领导先被推进手术室做准备，我则被安排到手术室外的一间休息室等候，其间我穿上了一次性卫生衣和卫生帽。在这等候的时间里，我发现我的心跳有些加速了，不会吧？真的像领导说的那样，我开始紧张了吗？这还没进手术室呢，深呼吸，镇定！哦，对了，我要介绍一下我此时的"装备"，单反相机、DV机都挂在脖子上了，你要知道，一个大单反的重量可不轻啊，但是为了记录下我家女儿诞生的那一刻，做爹的也认了，此时的我，俨然是一名战地记者！

　　过了半个小时，我进入了手术室，说实话，刚踏入手术室的那一刻，我的心跳到130了。领导已经躺在了手术台上，周围围了好多医护人员，有主治医生，有麻醉师，有护士……这样的场景只在电影里见过，亲临体验本人今生还是第一次。当我还在"感慨"时，领导突然叫了："老公，愣着干吗？快过来啊！"于是，我马上走过去，坐在领导的身边，准确一点儿说是坐在她的肩膀旁边。

此时，手术开始，我紧紧地握住领导的手，我能感觉到她的手有些颤抖，我说："别紧张，有没有觉得不舒服啊？"领导只是淡淡地说："还好，没事，只是觉得她们在我肚子里掏东西有点儿不舒服。"我脑子里马上浮现出那块蓝布后面，主治医生在我家领导肚子里找我女儿的情景，感觉心跳一下就升到150了！可我不能表现得很紧张的样子啊，我要镇定，镇定！我顶着150的心跳，"镇定"地对领导说："那是在找咱家女儿呢，很快就出来啦！"领导紧紧地抓着我的手，我也同样越来越紧地握着她，希望这样可以让她安定些。

我们从来没有像现在这样紧握着对方的手，在手术室里的这一画面，一直深深烙印在我的脑子里，一辈子也抹不掉的，会被我带进棺材里！如果有轮回的话，来世我还要娶她，如果找不到她，我会凭借这幅画面，踏遍千里路，一定要寻到她……太酸太酸了，改写琼瑶言情小说算了，哈哈！

　　"出来了。"站在我们旁边的麻醉师提醒我们。领导马上对我说："快站起来看啊！"我这才反应过来，马上站了起来，一眼就看到一个黑色小头从领导的肚子里冒了出来，一点一点，脸露出来了，脖子，接下来身体一下子就被医生拽了出来。一切都发生得太快了，当我正为这一幕感到震惊的时候，领导在下面用手着急地推了我一下，说："录像啊！录像啊！"哦，啊，我这才想起来挂在我脖子上的装备，马上拿起DV机，开录！

　　女儿被整个拽了出来，身上有一块一块白色的液体，一根长长的脐带连接着女儿和我家领导。这时医生拿来吸气的管子插到女儿的嘴里，吸干净她嘴里的羊水，吸干净后就听到"哇、哇、哇"的啼哭声。我的女儿来到这世界的第一声啼哭，刺耳入心，我等待了10个月的女儿终于出现在我的面前了，之前是隔着妈妈的肚皮，只能透过屏幕看到的小家伙，现在活生生地出现在我眼前了！生命真的是太奇妙了，太奇妙了！

　　接着医生剪下脐带，女儿被抱到了旁边，护士叫我过去剪脐带，就是剪断还留在女儿身上的那一小截脐带。这个可是我今生最大的使命啊，为我女儿剪掉她身上的脐带，让她完完整整地来到这个世界上。我是第一次见到这个输出生命之源的圣物——脐带，半透明的，直径2厘米左右。我以为我会很轻松地一刀剪掉，但当我开始剪的时候，感觉它是那么硬，就像人拥有顽强的生命力一样！我用了些力气才把它剪下来，剪下的脐带被我们保存了起来。

此时，我就站在我的小公主旁边，如此近距离地看着她，她还在不停地哭，嘴巴张得很大，眼睛还没有睁开。小家伙头发真多，又黑又密，嗯，这绝对是我遗传的！再看看还遗传了我什么，可女儿被羊水泡了近10个月，眼睛、鼻子、嘴巴全部都泡肿了，我还根本看不出来她长得像谁呢！就在我胡思乱想的时候，护士已经把女儿包好，抱给了妈妈看。于是我也马上回到领导身边，让护士帮我们拍了一张合影。领导还躺在手术台上，我第一次抱着刚刚出生没几分钟的女儿，很紧张也很感动。

我的小公主诞生了……陪着领导进手术室，看着女儿从妈妈的肚子里出来，看着一个生命的诞生，这一切的一切，都太珍贵了，

我今生难忘！我在这里强烈建议各位准爸爸们，一定要亲自体验
这一过程，你会感觉到生命的奇妙，你会感觉到人生的奇妙……真
的，相信我！

到底要不要
给女儿
吃奶嘴?

我相信所有的奶爸奶妈们绝对都会遇到
这个问题——到底要不要给婴儿吃奶嘴?

我的女儿刚出生没几天,陪月就说女儿
想吃奶嘴了,她的表现就是哭、闹、很烦
躁,但是只要一给她吃奶嘴她就好了。其实
我之前就听人说过,吃奶嘴容易长龅牙,这
还得了,一个小女生要是长龅牙那不难看死
了,所以我是坚决不赞成的!

和女儿过的
第一个
情人节

今年的情人节也是元宵节，呵呵，由于领导要坐月子，所以节日都在家里过。话说回来，今天是爸爸和女儿过的第一个情人节哦，不知道听谁说过，女儿上辈子是爸爸的小情人，呵呵，第一个和女儿一起过的情人节，但她一直在睡觉觉，不理我这个情人爸爸哦！今天也是她出生的第10天！

这个情人节，我家领导又埋怨我没有惊喜，可是，我……真的不知道怎么制造浪漫惊喜啊！

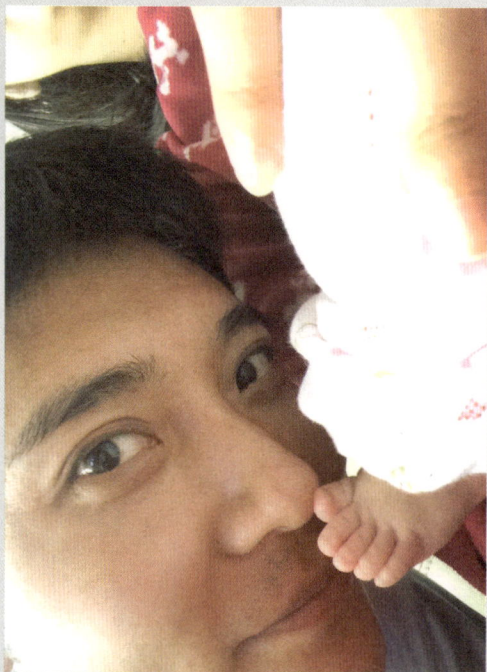

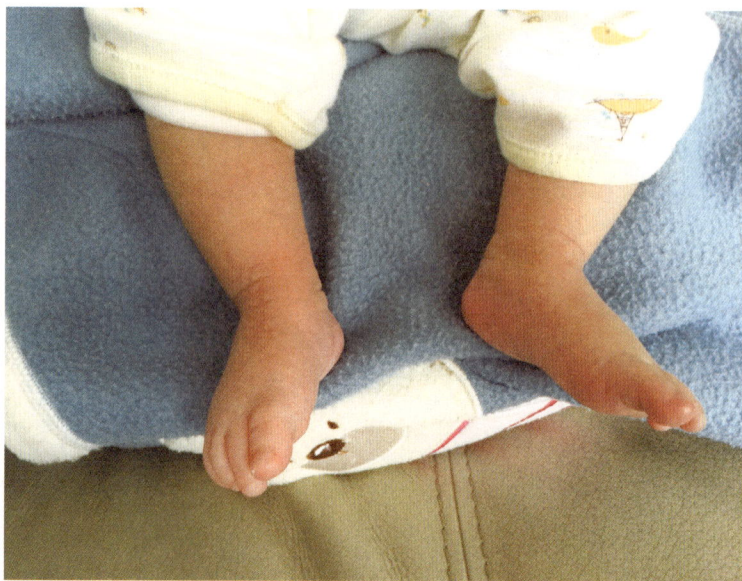

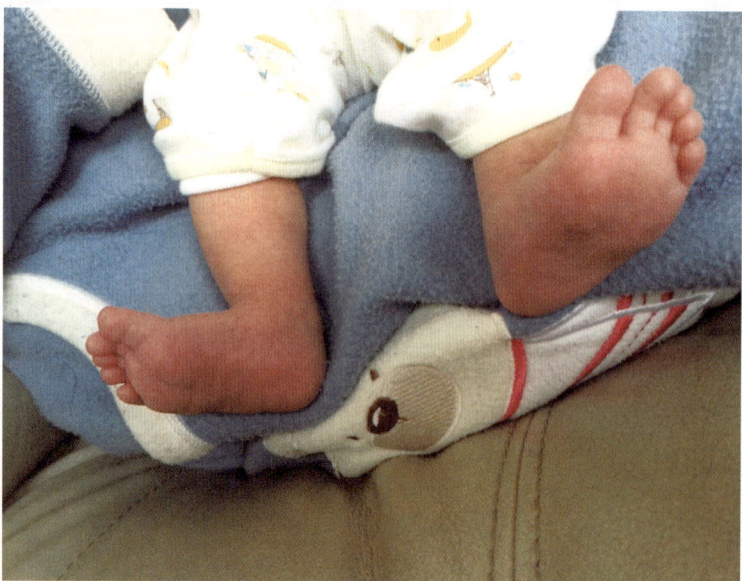

一天

一个样儿

彤彤来到家里已经11天了，她每天都在变化，消水肿了，越变越可爱啦！但我总希望她快点儿变成双眼皮大眼妹啦，我希望女儿是大眼睛！

她的表情和动作有点儿类似1个月甚至还要大一些的宝宝，所以说咱女儿早熟，哈哈。早熟说明妈妈怀孕时怀得好嘛，妈妈怀得好，爸爸功不可没哦，因为妈妈每天的饮食、作息都是爸爸安排的。现在彤彤这么早熟，我也很骄傲哦，我是功臣！

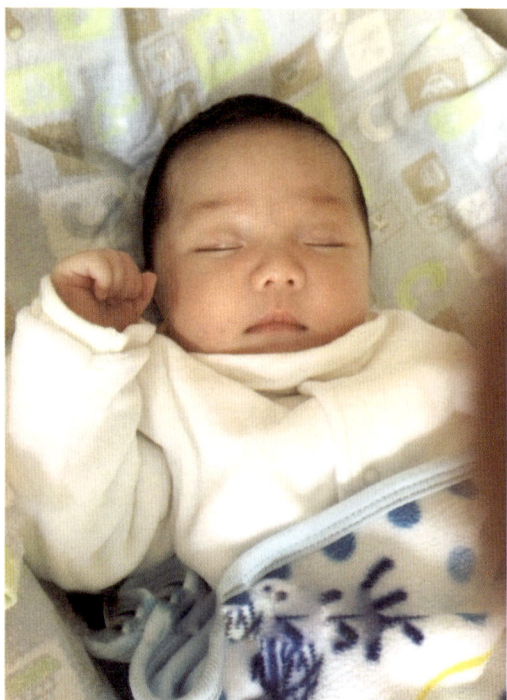
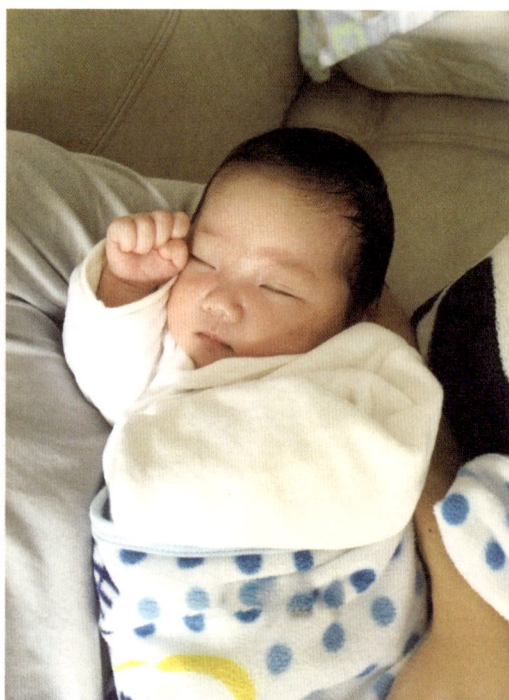

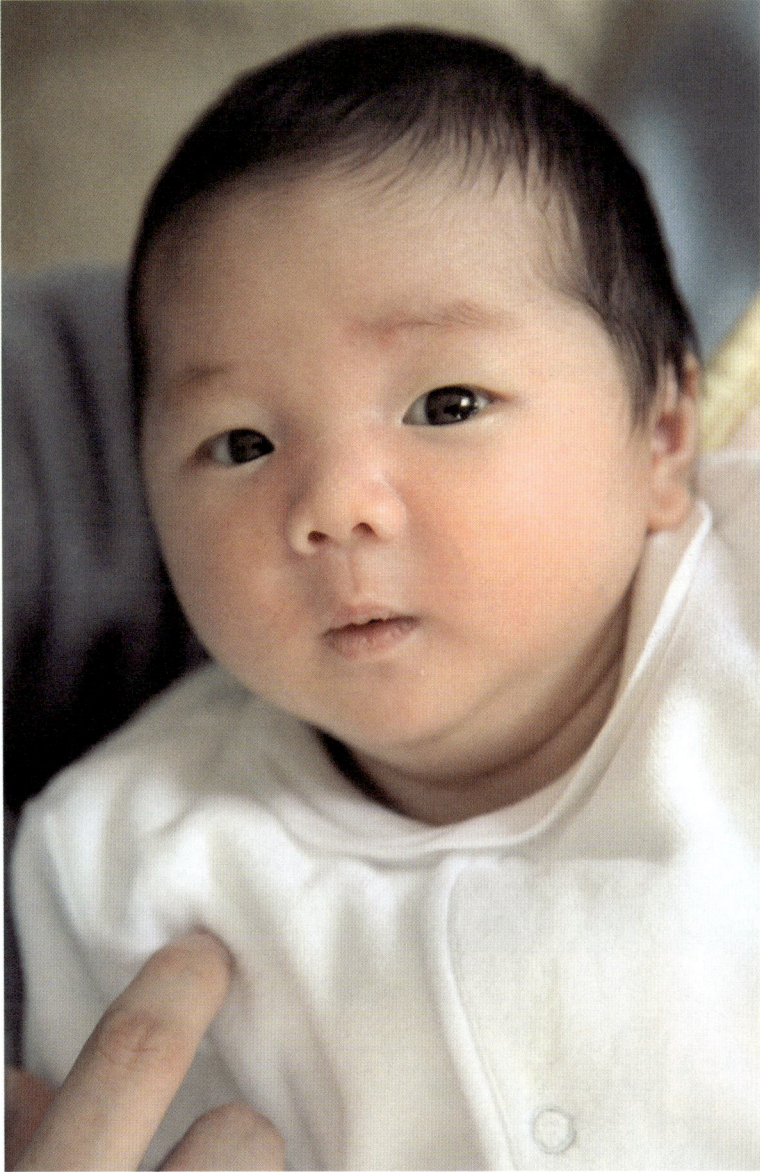

人蚊大战

我从来没有像此时此刻这么恨蚊子的，它们简直就是禽兽，专咬我的女儿，从头到脚，一点儿都不留情！女儿的脸已经被咬成小花猫了，心疼死我了！人们总说O型血的人招蚊子，我是O型血，领导也是O型血，那彤彤当然也是O型血了，可我们3个人在同一个房间里，为何偏偏就咬我家闺女啊，我真的好想找只蚊子问问，为何只咬我女儿？！她是招谁惹谁了，小孩儿肉香啊？我的肉也不臭啊，咬我啊！

3月份的时候香港的天气就已经转热了，天气一热，这些该死的蚊子就出动了，也不知道从哪儿蹦出来的，我家明明住在十几层，它们能飞那么高吗？我怀疑它们是去年没被我消灭掉的余党，在我家冬眠了，开春就出来咬人了。饿了一冬天了，见到我女儿香喷喷的肉还不大口大口地美餐一顿啊！

只是一晚上的时间，我真是防不胜防，还想着等到夏天怎么为女儿防蚊虫呢，它们可好，给我来了个突然袭击！早上起来看到女儿被咬成那样，我真的很心疼！女儿觉得痒，想用手挠，我怕她抓坏了皮肤就一直阻止她，用棉花棒蘸清水擦被蚊子叮的包，希望可以帮她止痒。有婴儿，蚊香是不能用的，连那种里面放药水的电子蚊香我也不用，别看它上面写着无毒无副作用，对宝宝而言，化学的东西能不用就不用！

这个时候，我想起来我小时候用的蚊帐，又有效又无毒，最好了！于是，开车奔到商场，逛了一大圈都没看到蚊帐的影儿，一打听，香港不流行用蚊帐，所以没有卖的！连蚊帐都没有卖的，气死我了！突然又想到电蚊拍，这个也环保，不管能不能看见蚊子，只要听到"啪、啪"的声音，就是有蚊子中招了！这个不错，在内地拍戏时经常叫助手备一个，就买这个！又逛了一大圈，连个电蚊拍的影儿都没看到，再一打听，香港人连电蚊拍是何物都不知道！

　　好吧，到此我不得不承认，内地和香港还是有很大差异的，让我处在这个夹缝中，不知所措！我就是想为女儿灭个蚊，咋就这么难呢？！实在不行，我就当人肉沙包，蚊子只咬我一个人都没问题，问题是它们不咬我啊！

　　我打电话问领导："香港人夏天怎么防蚊？除了蚊香、电蚊香，还有防蚊水，有没有别的方法？""听说还有个电波的驱蚊器哦，你赶快去问问！"好家伙，敢情人家都用这么先进的东西啊，电波驱蚊？行了，别想那么多了，赶快去问卖电器的吧！

　　果真，来到卖电器的地方，有好多种用电波驱蚊的设备，大小、形状不一。看到"电波"二字，第一时间当然就想到辐射了，可别对人体有伤害啊，问了下服务员，都说对人体没有任何伤害，美国、欧洲都在用，是最环保、最安全的驱蚊设备了！真的假的？老拿美国做啥比较啊，好像人家用的东西都是好的似的，我就不信了！打电话给领导，表示我还是担心这个电子驱蚊器有辐射，对人的身体不好，领导那边急了："有辐射就不会卖那么多了，别废话了，赶快买回来，你也不想女儿今晚又喂蚊子吧？！"

想到今晚女儿可能还会被咬，想那么多也没用，赶快先买回去应急吧！回到家，看见可怜的彤彤就心疼，真想抓住那些蚊子，把它们大卸八块都不解恨！我马上插上电子驱蚊器，它只有手机充电器大小，发出微小的声音，耳朵贴上去就能听到。我还特意听了一会儿，看看有没有不适的反应，如果有就说明有辐射，会伤害人嘛，但待了一会儿还好，没有什么不适反应，小安心了一下！接着，我把房间的灯全部打开，想用我的手掌当电蚊拍，见到一只蚊子就杀一只，绝不留情！

好家伙，有一只蚊子飞出来了，个头还挺大，肚子鼓鼓的，一定装满了我家闺女的血。我跑到它身后，顺着它飞的方向，两只手掌迅速伸到它的左右方，"啪"，一下就中，也够用力的，手掌都拍疼了！摊开一看，蚊子已经粉身碎骨了，只留下一摊血！粉嫩粉嫩的血，这绝对是我闺女的血，又解恨又心疼！一定要替女儿"报仇"，斩草除根，绝不能留下一只蚊子！

电子驱蚊器

到底好不好

电子驱蚊器主要分两类：

1. 超声波电子驱蚊器。

运用仿生学原理，利用喇叭发出超声波，制造一个让蚊子难以承受的噪音环境（如蜘蛛、蝙蝠、蜻蜓等蚊子天敌发出的超声波），逼迫蚊子逃走，是户外防蚊的好方法，但是有使用者反映效果不佳。

2. 变频式电子驱蚊器。

通过"模仿"蜻蜓等益虫翅膀振动时的声音频率来达到驱蚊的目的，简单便捷，绿色无污染。

那到底电子驱蚊器对人的身体好不好呢？我查了好多的书和网站，都没有得到一个满意的答案。我举一个科学试验，供大家参考：

电子驱蚊器在西方市场上出现了几十年，而大部分的驱蚊器也都没能通过科学检验。曾有科学家做过一系列实验，检测11种超声波驱蚊器在不同距离对埃及伊蚊、四斑按蚊、白纹伊蚊等雌蚊的驱避效果，结果发现在野外和实验室条件下，没有一种测试产品能成功阻止蚊虫的叮咬。

美国的联邦贸易委员会和环境保护署曾对超声波驱虫产品进行过严格的审查，他们表示目前还没有足够的证据可以证明这类产品对害虫或鼠类有驱避的效果。

我的

"丑"闺女

实不相瞒，在手术室第一眼见到我的女儿时，心里还有一个疙瘩的！天啊，怎么那么丑啊，肿眼泡、大鼻子、香肠嘴，长得到底像谁呢？自认为我和领导都不算丑人，按理说，生出来的娃一定不会难看吧！就算我和领导的五官全部分开，随意"组合"出来的娃也一定不是我眼前的这个样子啊！我实在忍不住了，说："我女儿长得到底像谁啊，怎么……怎么看不出来呢？"医生可能领会到了我的"担心"，对我说："羊水泡了那么久，都肿着呢，她需要两三天消肿，婴儿是一天一个样！"是吗……也许吧……好吧，就先这样吧，管她长啥样，都是咱的娃嘛，总不能因为丑就不要了吧！

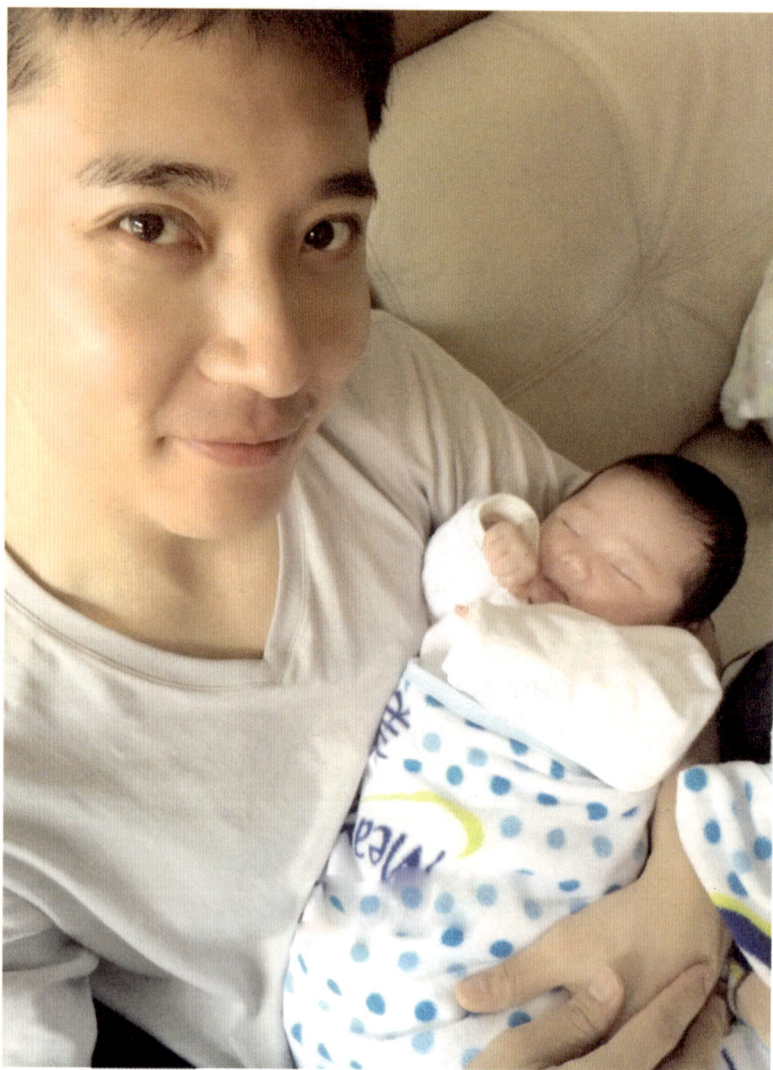

女儿出生的第一天夜里，我翻来覆去地睡不着，一直在想女儿到底长得像谁，这么看，长得不像我和领导啊！她还是个单眼皮，我和领导可都是大双眼皮啊！你们看到这儿，我想你们百分之七八十会有个歪想法，会想女儿到底是不是我的亲骨肉吧，哈哈，打住！我敢发誓，我百分之一万没有怀疑过这个，我只是有点儿接受不了，女儿咋那么"丑"呢！我还荒唐到一个人偷偷在被窝里打开手机，搜索"刚出生婴儿的图片"，我想证实一下医生的说法，是不是所有婴儿刚出生时都是这个水肿样，是不是几天就能消肿变漂亮了。看了半天图片，也没看出个所以然来，都长得差不多，有的肿，有的不肿，普遍还是挺难看的！

在医院的头几天，我每天都在仔细观察女儿的变化，研究她的样子！眼睛渐渐消肿，但还是单眼皮，也没消肿成双眼皮啊，我马上打电话给我老妈，问她我出生时是单眼皮还是双眼皮，老妈告诉我，刚出生时我也是单眼皮，长大之后才变成双眼皮的。听了这个我才有点儿安心，起码小时候是单眼皮这一点可能随我了，但我也不担心，我现在可是大双眼皮，随我不难看！再看女儿的大鼻子，就算是消肿了也是大鼻子啊，有肉。如果按面相来看，我家闺女的鼻子一定是个富贵相，和成龙的大鼻子有一拼！

但我家可是个女孩儿啊，大鼻子不好看啊，我和领导的鼻子都还适中，没那么大啊！还有，我期待女孩子的樱桃小嘴算是没希望了，下嘴唇就像小腊肠。这个有点儿遗传了领导的性感厚嘴唇，随我多好啊，起码是个樱桃小嘴，哈哈！

来医院看望领导和女儿的朋友接踵而至，看得出，每当他们看到女儿的时候，心里也一定有个问号，到底长得像谁呢？爹妈都算长得标致，这娃有点儿寒碜，按理说应该是个小美女啊，所以几乎所有来看望的朋友都赞女儿长得可爱，没一个说长得漂亮的！这还听不出来吗？一定觉得女儿长得丑啦，只能用可爱来形容，总不能直接说丑吧，多失礼啊！

我问领导，有没有觉得女儿长得丑，领导用充满爱的眼神看着女儿说："哪里丑了，我女儿多可爱啊！"在妈妈的眼里，没有丑的儿女，其实，在爸爸的眼里也是这样的！虽然，从女儿出生以来，我每天都在观察着女儿有没有新的变化，但在我的眼里，无论她长成什么样子，她都是我最爱的闺女！

我的"丑小鸭"每天都在变化着，虽然仍是单眼皮，但是眼睛圆圆的，很有神！尤其是一笑起来，弯成两个小月牙，真的好sweet，好可爱！她14天的时候，就能做出好多"鬼马"的表情了，挤眉弄眼，表情多多！她天生自来卷，像个洋娃娃，头发一出生就很浓密，这个绝对是我骄傲的地方！看到女儿这头浓密的头发，我就总在领导面前邀功："你看，多亏出生前两个月，我开始给你吃黑芝麻糊吧，看看这头发又黑又密！"说到女儿的自来卷，那是遗传了我，因为我出生时也是自来卷，现在留长了头发还会卷，但是是那种大卷，绝对不是黑人那种小卷！我为啥是自来卷呢？按我老妈的话说，她怀我的时候，喜欢吃橘子，所以生我的时候就是自来卷。真不明白这有什么科学依据，呵呵，反正这个不重要了。总之，我是自来卷，遗传给我闺女了，她也是小卷毛！领导也说她是自来卷，哎呀，连头发也和我争！

人家都说"女大十八变"，我告诉你们，我的女儿是"女大3个月变"！从第三个月开始，双眼皮渐渐长出来了，眼睛越来越大，大鼻子开始慢慢变高，香肠嘴也开始缩水了，慢慢偏向我的樱桃小嘴……女儿3个月之后的变化可大呢，由男孩儿样慢慢变成小洋娃娃样了，由"丑女"向"靓女"发展了！从来看望她

的朋友嘴里也慢慢听到："天啊，你的女儿变得太漂亮了，好像
个小洋娃娃啊！"更有心直口快的朋友直接说："你知道吗，你
女儿刚出生时的样子吓我一跳，怎么那么丑啊，一点儿都不像你
俩，现在越长越好看了！"

　　真金不怕火炼，我和领导的长相都是天然的，绝对没整过容，
所以，我家闺女怎么能丑呢？

为女儿掉的

第一滴眼泪

好多人都问我："在产房看见女儿出生的那一刻有没有哭啊？""没哭？不会吧？我老公哭得可厉害呢！"呵呵，说实话，在产房陪太太生产的时候，我觉得自己倒像名战地记者：首先，我是全副武装，单反相机、DV机挂了满脖子；其次，在那种情况下，我要紧握住太太的手，因为看到她很紧张，虽然说是半身麻醉，但我能感觉到她的紧张和不适，所以在她浑身发抖时，我握住她的手的同时，还要不停地和她讲话，尽可能地分散她的注意力。现在想想，做女人真的很伟大，从怀孕到生产，她们所受的苦是我们男人一辈子也体验不到的！

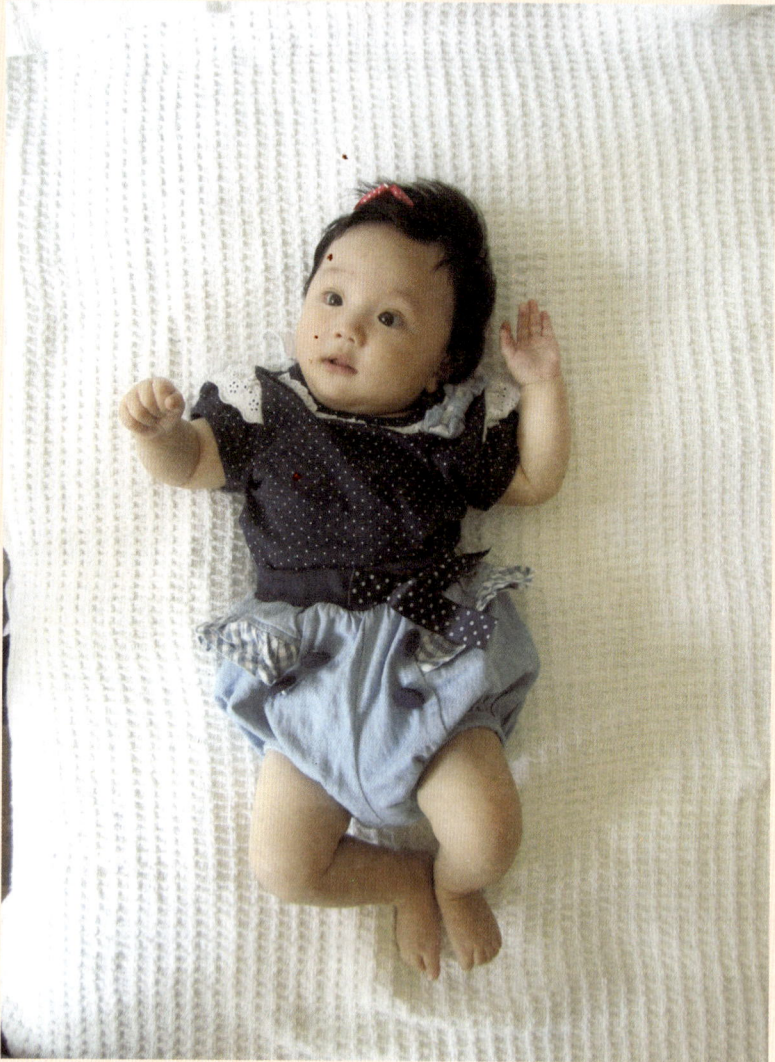

女儿出来的一刹那，我还差点儿错过了，是站在太太旁边的麻醉师提醒我"出来了"，我才马上站起来。看到女儿出来的那一瞬间，头先出来的，我愣了四五秒，真的，当时脑子中只有一个想法，不，应该不是想法，而是一种感觉，太、太、太震撼了，一个生物体从老婆的肚子里出来了……等我反应过来后，我就马上拍啊，抓拍、跟拍……生怕错过哪个瞬间！我还要剪脐带哦，又是一顿拍啊、录啊，还好边上的小护士主动过来帮我拍，又剪又拍又自拍，尽量不错过任何瞬间！但回头看的时候，还是错过了我发愣的那四五秒，也是很重要的四五秒，就是女儿的头刚刚出来的时候，那一瞬间被永远记录到我的脑子里啦！老婆想看，来我脑子里呗！言归正传，知道我当时为什么没流泪了吧，太忙了！

　　男人做了父亲之后，尤其是有了个女儿之后，真的就不一样了！我想了好久，才把那种感觉形容出来，就是觉得自己突然间"老"了，真的，这种老不是身体上的"老"，而是心理上的"老"。这个世界对我不重要了，真的，唯一的希望就是能和女儿在一起，看着她一天一天长大，人突然就超脱了，比信奉任何信仰都让人超脱，真的，最起码我是这样的！也许这样会很消极，但我也不管了，唯女儿大！

"人总要向现实低头"，成年人都明白这个道理，我也是，所以要打包出去拍戏赚奶粉钱啦！就在彤彤快百天的时候，我不得不走了，因为那边一开机就有我的戏。这个时候的彤彤已经开始认人了，知道爸爸啦，见到我就笑，眼睛弯成小月牙，迷死爸爸了！这个时候要离开她4个月，哪儿舍得啊！

记得那天是下午的飞机，早上起来就和彤彤玩，尽量多看看她，女儿一天一个样，不知下次见面她会变成什么样。虽然心里有一万种舍不得纠缠着我的心，但我表面上仍然要装成什么事也没有的样子，不想把气氛搞得那么沉闷嘛！午饭的时候，就我和太太两个人，不想说话。吃饭，不知道吃的是什么、什么味道，突然，我的眼泪从眼眶流了出来，嘴里还说了句："我舍不得女儿。"这一连串的反应，没有丝毫的征兆，第一次明白了，原来人，尤其是男人，真的有濒临崩溃的时候，太太被吓到了，不知该做出什么反应，无语中！

我也被自己的突然失控吓到了，马上起身面朝窗外，忍、忍、忍，把眼泪挤回去！此时手里还端着一碗饭，白米饭，不停地往嘴里塞，不停地挤回眼泪！不要发出声音，身体尽量别颤抖，挺住……2分半钟……好了！带着微笑进女儿房间，再陪她多待会儿……

　　对了，有了女儿之后，我还觉得自己感性了好多，现在听《时间都去哪儿了》，我会毫无征兆地流眼泪，你信吗？

女儿

一百天

　　按道理，孩子一百天绝对是要庆祝一下的。来拍戏前刚刚参加了一个百日宴，场面也挺大的，就是主人公一直在睡觉，因为一百天的婴儿还是软软的，除了吃就是睡，但绝对是忙坏了大人，看到爸爸妈妈满场跑，忙得不亦乐乎！

　　本来还在和太太商量着也给女儿搞个百日宴庆贺下，但突然看到这种场景就打消了这个念头。小公主一觉醒来，就被来参加宴会的大人抢着抱来抱去，这些大人的热情当然是可以理解的，但这些人之中一定有没生过宝宝的，也有不懂如何抱宝宝的人，我看到有好几个热情的大人差点儿把小公主从手上掉下来，而且小公主的脖子被晃来晃去的——还很软嘛！如果是我女儿被人家这样对待，我早就翻脸了！看到这种情形我只好善意地提醒那位妈妈，小心自己的小公主哦！同时决定，不办百日宴！

　　一百天的女儿，爸爸没能陪在你身边，因为我在广西拍戏。

彤彤的

横店剧组生活

在彤彤3个月的时候，我要离开家去拍摄《花千骨》了，历时4个月，也就是说，我有可能4个月见不到我的宝贝女儿了。从陪领导怀孕到现在，我一步也没离开过她！如今又多了个小情人，刚刚可以和我有一点儿互动，我冲她做鬼脸，她会咯咯地笑，你说我舍得吗？

带着万般不舍的心情，我离开了家。到广西之后，每天拍戏、健身、想女儿，呵呵，这三件事已经占满了我在广西第一个月的生活。紧接着我们转景来到横店，拍摄剩下的部分，大概会有3个月之久。我反复思考，觉得自己无法忍受3个月都见不到女儿的生活，于是，我下达"命令"，让大情人带小情人来横店探班，陪我一起拍戏，以解我的思女之切。当然，我下达"命令"给领导的时候，说的是解我思妻心切啦！哈哈，我觉得自己够狡猾的了！

出行前我还是有些担心的，因为这是女儿第一次坐飞机，她才刚刚4个月多一点。我让领导专门去医生那里咨询，婴儿适不适合坐飞机。因为飞机升空有气压、有辐射，降落时也有气压的变化，我们大人会有耳膜的压迫感，有时我都觉得很难受，更何况是个不会说话的婴儿呢？万一不适合，我就要取消行程，虽然我知道这样我会在横店思女到"抑郁"，但为了女儿的健康，我还是会忍啦。

幸运的是，医生告诉我们没有问题，无论婴儿多大都可以坐飞机，但给了我们些小贴士，就是飞机降落时，宝宝可能会因为气压的变化而感到不适，尤其是耳朵，如果他哭，就让他尽情地哭，这样会舒缓不适，千万别阻止他。还有个舒缓不适的方法就是给他喝水。

感谢医生之余，我就马上订票啦。从香港飞到杭州，再从杭州坐车到横店。因为我当天要拍戏，所以没能去杭州接她们，但我在拍摄现场几乎算是直播连线了，每隔三五分钟就微信领导，到哪儿了？女儿怎么样了？尤其是她们降落到飞机场的时候，好担心女儿在飞机上会有不适，但领导告诉我，彤彤坐飞机一点儿不适的反应都没有，安全着陆！哈哈，此时我就在酒店焦急地等待着她们的到来，我已经好久没见到我的小公主了，心想她见到我的第一反应会是什么呢，会不会不记得老爸了？

想着想着，领导的电话就打过来了，说马上到楼下了，我就飞快地跑到楼下等她们。车子到了，我马上去开门，看到我的小公主刚刚睡醒，用小手揉了揉眼睛，慢慢地睁开，看到我，先是一愣，可能在想这是谁啊，突然出现在眼前，紧接着，眼神开始从惊讶变得平和，再变得温和，想起来了，这是爸爸嘛，眼看着她的眼神变得温和了，嘴角翘起来了，伸出双手，想让我抱她。

我马上抱起我久违的女儿，亲她的小脸，闻她头发的味道，把她抱得紧紧的，小公主没有不记得爸爸哦，哈哈，血缘是无法被时间隔开的，我太爱她了……坏了，写到这儿我鼻子已经开始发酸了……你们应该能够想象到我当时的心情，鼻子一阵酸痛是一定的了，但碍于人多，又是公众场合，所以还是强忍住眼泪，唉，当爹了，在女儿面前竟变得这么脆弱，任性！

领导带来的"装备"就差不多三大箱，奶粉、奶瓶、纸尿裤、奶瓶消毒器、奶瓶保温器、衣服、床单……本来我觉得我的房间挺大的，突然变得拥挤了，管他呢，女儿来了就好！第一晚，她睡得很好，很适应这个环境，和我玩了好久才睡去。可是，第二天起床，我就发现她的体温有点儿高了，马上用温度计量了一下，37.4℃，属于低烧了。怎么会这样？多亏领导来之前，在医生那里开好了婴儿用的感冒药、退烧药、拉肚子药、肠胃药……总之，常规的药都开好带来了，以防万一。

这里真的要提醒一下新晋奶爸奶妈们，带宝宝出去旅行，一定要事先开好可能会用到的药，一般你的儿科医生都会开给你们，只要你们告诉他，你们要带宝宝去哪里，去多久。这不，我家闺女一出来就发烧了，领导也很着急，我让领导先别给彤彤吃退烧药，因为医生告诉我们超过37.5℃再吃退烧药。我们先给彤

彤贴退热贴，看看能不能让体温降下来，时刻测量温度，如果还
不退，再吃药。

就这样，再三叮嘱之后，我就要出工拍戏了，一天的动作戏，
吊着威亚在空中飞来飞去，即使"飞行"于空中，我心里还是一直
惦记着我家闺女，导演一声"收工"，我便飞速地跑回酒店。还
好，贴了退热贴之后，彤彤的体温降了下来，但是到了晚上，体温
又升了上去，体温超过了"警戒线"。我们马上就给她吃退烧药，
每4小时吃一次，整个晚上都没怎么睡，时刻观察着女儿，因为晚上
是宝宝的最不稳定期，我们特别小心！

经过这次发烧之后，我和领导都特别注意女儿的身体状况了，
确实可能会有水土不服的情况发生，所以还不能掉以轻心。可我家
彤彤绝对没受到这次发烧的影响，好了之后，还是活蹦乱跳的，让
人喜欢得不得了！

趁着天气好，领导带着女儿来探班，这天刚好在影城的房间
里拍，不会那么热。彤彤真的是从小就受艺术熏陶啊，刚出生就
面对镜头拍摄亲子节目，现在4个月了，就来到拍摄片场看老爸

拍戏了！因为《花千骨》是古装戏嘛，我要戴假头套，扮古装造型，今天可是彤彤第一次看到老爸"古代人"的样子啊，我就考验一下她。

彤彤来到片场，我特地不让领导告诉她我是爸爸，女儿马上把脸转了过去，靠在领导的身上不敢看我，哈哈，原来她怕"古代人"！我又悄悄地来到领导的后面，让女儿再看看我，我说："彤彤，我是谁啊？"女儿一听见我的声音马上抬起头来，不停地打量我，从我的头发到衣服，她都充满了好奇。

我猜想她此时一定心里打转儿呢，心想："这到底是不是老爸啊，怎么变成这个样子啦？"看了半天，她才确定是爸爸哦，马上张开双手让我抱抱！抱着女儿，在片场和所有人打招呼，他们都说我家彤彤长得像个小洋娃娃，做爹的心里那叫爽歪歪啊，哈哈！秀了一圈女儿之后，我要去演戏了，领导就抱着彤彤在导演的监视器旁看我演戏。真的不知道女儿能不能看出来，屏幕上的人是爸爸呢，也不知道她明不明白这是在演戏。

我常常觉得自己很幸运，可以做一名演员，可以体验不同的角

色、不同的人生……人生如戏，戏如人生，如今我的人生角色是彤

彤的父亲！

奶爸的

浪漫之旅

我承认我不是个浪漫的人，回想我从初恋到现在，自认为做过的最最最浪漫的事，可能就是和领导看日出或者亲手为她做贺卡，说出来你们可能会笑话我吧。哦，对了，我还写过情诗，但送出去的时候，另一半没有觉得半点儿浪漫！一次次的"失败"让我更加认清我不是个浪漫的人，领导也认为我是个无趣的人，一点儿都不懂得浪漫。她命令我要学会浪漫，追求浪漫……

现在有女儿了，就更没有追求浪漫的动力和精力了，每天围着我的"小情人"转！这时，"大情人"不满意了，逼着我一定要浪漫一次，不然就和我翻脸！甚至下了最后通牒，让我拍完《花千骨》就带

着她浪漫一次！

　　我的妈啊，我心里就嘀咕着，都奶爸奶妈了，还咋浪漫啊？这绝对是在心里嘀咕，不敢讲出来的，怕领导发火！"领导发火，非同小可"，这句广东话我是一直记得的，发音是押韵的！绝对不敢让领导发火嘛，所以我绞尽脑汁，边拍着戏边想着怎样才能进行一次让领导满意的浪漫之旅呢！

　　最后，我想到了一个妙招，带她去浪漫之都——巴黎，到了那儿她一定觉得浪漫，实在不行，在埃菲尔铁塔下来个热吻，在凯旋门前来个深情相拥，这绝对算浪漫了吧！好嘞，就这么定了，偷偷订好机票、酒店，然后告诉领导，我要带她来个浪漫之旅，行程14天，地点是巴黎。本以为领导听到我的这个精心安排会兴奋不已，夸我有进步，谁知她却说："14天啊，那女儿咋办啊？""女儿留在香港啊，放心吧，浪漫之旅就咱两个人才对嘛！"说这话的时候，我还是有点儿心虚的，我不是担心别人照顾不好女儿，而是担心我们想女儿！您瞧瞧，这个奶爸真的不好当吧，想带着"大情人"追求浪漫的同时还放不下我的"小情人"，这应该叫当代奶爸的苦恼！

苦恼归苦恼，浪漫总是要有的啦，就这样，我和领导坐上了飞往巴黎的飞机，我的第一次巴黎之行，领导的第N次巴黎之行，管他呢，总之，奶爸制造的浪漫之旅开始了！长达12个小时之久的飞行，我除了睡觉、吃饭，就是看在机场买的《巴黎旅游攻略》。到达巴黎的当地时间是早上6点多，天刚蒙蒙亮，走出机场，感到有一丝凉意，我马上脱下我的外套给领导披上："别着凉了！"哟，这应该算我到巴黎做的第一件浪漫的事吧。

我订的香榭丽舍大街旁的酒店，有着好几百年历史的建筑，这算是有品位、够浪漫吧。到了酒店的第一件事就是问有没有Wi-Fi，有，马上上网，再看下时间差，香港现在应该是下午，女儿应该刚刚睡醒，于是我们就马上和女儿视频，想她啊！

彤彤不是刚刚睡醒，而是刚刚吃完奶，有些无精打采的，我们刚开始和她说话，她还不理我们，连看都不看我和领导一眼。我们看得出，她生气了，生我们的气："为什么爸爸妈妈走了这么久，不理我了！"越这么想，我的心里就越酸，难受啊！好不容易哄好她，算是看了我们几眼，又吵着要去别处，不和我们视频了。领导突然冒出一句："好想女儿啊！"妈啊，我的鼻头一酸，马上感觉眼眶要进出眼泪，被我强忍了回去，越强忍，鼻头越酸，酸到痛，这种久违的感觉又来了！不得不承认，当了奶爸之后，我变得更感性了，感性得像个女人，对，像我老妈，老妈一看琼瑶阿姨的戏就要浪费一盒纸巾，干吗？擦眼泪呗！

　　收一收思念女儿的心，再告诉自己来巴黎的目的——给领导做一件浪漫的事。牵着领导的手，大步迈向凯旋门。到了凯旋门，有点儿小激动，平时在电视上、画册上看过，今天亲临门下，还是被它的庄严震撼住。一路牵着领导的手，不忘此行的初衷，浪漫地在凯旋门下和领导合影留念。这次出门前特地在淘宝上买了个自拍神器，就是为了可以自己给自己拍照，不同角度、不同Pose，拍不停！在凯旋门前，有个最好的拍照位置，正对着凯旋门，但有点儿危险，就是站在马路的中间，停下，马上拍，马上走，要不就会影响交通了！所以为了在这个位置拍照，我还是牵着领导的手，等车一过，马上跑到中间，拿起相机，咔咔两张，拍完就走，哈哈，留下了绝对好位置的照片。但拍照的过程按领导的话说有点儿胆战心惊，呵呵，那就对了，我要的就是这种浪漫！

凯旋门前拍了两张浪漫的照片后，我问她要不要休息下，领导说要，于是找了个有Wi-Fi的咖啡馆休息，顺便看看女儿在干吗。其实这也是我想要做的事情，因为我也想女儿了，虽然距离上次视频只有两个小时的时间，但不知道为什么，心里总是惦记着她，可能是空间的距离太远了吧！于是，我们就坐在巴黎街头浪漫的咖啡馆里，喝着咖啡，看着视频，等待着女儿睡醒。这一切在我看来是浪漫的，不知道领导是不是也这么认为呢？

接下来的几天，我们去了埃菲尔铁塔下面，在那里我给了领导深情的一个吻；在巴黎圣母院里，我向着圣母玛利亚敞开心扉地告白，让她赐我力量，做一个懂得浪漫的爱人；在塞纳河岸，看着巴黎的老夫老妻牵手漫步的背影，我告诉领导，我会像那位老伯一样，牵着爱人的手到老……

突然发现，在巴黎，我变得比以前懂得浪漫了，很奇妙！是玛利亚听到了我的祷告，还是这里的土地会滋养人，让人变得浪漫呢？总之，我喜欢巴黎，因为它让我变得浪漫，不知道领导对于我的变化是否满意，反正我自己是挺满意的！

最后，我要在这里告诉领导，我能保证，我这辈子能做到的最最最最浪漫的事，就是陪你到老……这种浪漫不简单吧！

吃辅食

女儿从第5个月开始就要吃辅食了，也就是要吃除了奶之外的食物。因为宝宝逐渐长大后，母乳或配方奶的营养已经不足以满足宝宝的需求了，也就是要增加营养啦！一般在4个月至6个月之间，宝宝就要开始吃辅食了！

当然，女儿不可能跟我们大人一样，我们吃什么她就吃什么。她有她自己的菜谱哦，而且她的食物都要磨成糊状才可以，因为她还没长牙嘛！

我们为了让女儿茁壮成长，在挑选辅食上是花了点儿心思的。辅食的主食是大米，我不爱吃香港的香米，就是那种长粒的泰国香米，又硬又难吃！别忘了，我可是东北人，东北什么最出名，当然是我们的东北大米了。五常的"稻花香"，十里飘香，饭还没煮熟，就已经可以闻到香味了！东北人的后代当然要吃东北大米了，可是在香港想买到正宗的东北大米，呵呵，好像是件不可能完成的任务。我跑遍了香港的大小超市，甚至特地去了在香港开的唯一一家黑龙江农产品店，都买不到东北的大米！这叫我如何是好啊？于是我有了个疯狂的想法，让老妈从东北快递大米来港！

　　话说，香港对于我们内地的食品进香港的管制还是挺严格的，每次每个人带的大米数量都有一定的限制，所以即使用快递的方法，也是有限的。那也不管了，只要能让女儿吃上我们的东北大米，怎么着都行！做奶奶的也十分支持，老妈在老家买最好的东北大米寄给彤彤，因为每次快递的大米都有限，所以这些米都是我闺女"专享"的，我都吃不着。每次看着女儿吃着香喷喷的大米，我就开始不停地流口水了，呵呵，为了保障女儿的粮食，我忍了！

　　主食解决了，还需要选些肉类和蔬菜。肉类当然以白肉为好，白肉就是鱼肉啊、鸡肉啊这些。当然，我家闺女是小猫嘛，喜欢吃鱼，除了鱼肉外，我们还会买鸡肉、牛肉和猪肉，换着样给她吃。蔬菜也是每天都不同，换着样来，西蓝花、胡萝卜、豌豆都是她的最爱！还有豆腐，豆腐含有植物蛋白，也是很好的辅食！

总之，我和领导大概每两天就要跑一趟超市，换着样儿给她买菜，而且尽量都是自己去挑选，不让保姆去买，总觉得自己买的放心！

在香港和领导出门有个麻烦事，就是总碰到狗仔队偷拍。在香港这几年也算是习惯了，经常被偷拍，也可以说不叫偷拍，因为这些记者可以大摇大摆地跑到你面前拍你啦。香港的艺人也已经习惯了这些，每次出门只要打扮得漂漂亮亮的，见到记者偷拍就大方地让人拍呗，这个毕竟是人家的工作，香港也是个自由的地方。

可是，我们最近每隔一两天就要去一趟超市啊，头几次还有心情打扮一下再出门，到后来哪里还有心情打扮啊，随便弄一下，戴个帽子就出去了，以致最近被拍到，杂志一出来，我俩看到后都吓傻了，怎么那么狼狈啊，像没洗脸一样！这帮狗仔也真缺德，净发布些难看的照片！唉，没办法，为了女儿，艺人的形象都不要了！
我还想当偶像派呢，咋办？哈哈哈！

　　每天换着样儿给女儿准备辅食，以为这样闺女就会喜欢吃、
吃得多，结果大错特错。头1个月彤彤还是很喜欢吃这些的，可渐
渐地就不爱吃了，每次喂她吃饭，就是不吃，可愁死我们了！我
都急得唱起了《小燕子》，外加自编的舞蹈，边唱边跳地逗她开
心，在她欣赏老爸的歌舞表演时，领导在一旁喂她吃！

　　刚开始，彤彤还是很喜欢老爸的表演的，一碗饭，半个小时吃
完，但这可是边看边吃哦，也就是我要持续边唱边跳半个小时，一
天两次，每天如此！呵呵，我发现人的潜能绝对是被逼出来的，上
大学时，我的唱歌和形体课是最差的，就连做梦也想不到，如今我
可以给我女儿每天即兴表演两段歌舞，每段半个小时。看来，为了
女儿，没有什么任务是我完成不了的！

　　可是，好景不长，一个星期过后，我的歌舞表演也不管用了，
女儿又开始不吃饭了，这可咋办啊？变魔术、学大猩猩、翻跟
头……她就是不吃！

猪肉配西蓝花、胡萝卜，她不爱吃！鸡肉配红菜头、甜椒，她不爱吃！牛肉配南瓜、玉米，她不爱吃……她偏偏爱吃鱼，每天每顿吃鱼都不会腻，但只吃一种食物也不行啊！真的想不到，女儿竟偏食到这种程度了，咋办？

左右

开弓

　　左撇子吃饭最麻烦，总和人撞胳膊，很多小朋友是左撇子，就被老妈"扳"过来了，省得长大后吃饭碍事。后来听人家说左撇子聪明啊，右脑发达啊……好像还有个什么调查，古今中外名人中，左撇子居多！

　　我呢，呵呵，左右手都能用，那你说我是有才呢，还是有才呢！哈，碍人事就用右手，不碍事就用左手，实在不行就左右开弓呗，反正我都行啊！以前左右开弓用得少，毕竟你和人家吃饭，你左右开弓、狼吞虎咽太不雅了吧，可是有时在家吃火锅时就用上了，左手涮肉，右手蘸酱开吃！管他呢，在家又没人嫌弃！

　　我总猜想我的女儿会不会是左撇子，起

码现在没看出来，但我的左右开弓绝对是用上了。女儿是个馋猫，在领导肚子里就已经暴露无遗了。记得有一次去产检，做B超时，这小家伙不停地在张口闭口喝羊水，可来劲呢！

再加上领导十月怀胎期间，我这个张大厨的那根弦绝对是绷着的，她时不时就想吃啊，那我就要做啊，20分钟搞定一碟色香味俱全的意粉已经不在话下了！掂大勺的时候，嘴里就在嘟囔，这小家伙也太能吃了吧，折腾死她老爸了，等出生了要好好"教育"一下她。呵呵，我的"大胃王""馋嘴猫"女儿倒是先"教育"了一下我，我的左右开弓也派上用场喽！

现在在家吃饭时，已经为女儿加了个位置，绝对的小大人样，坐姿优雅地等着老爸喂她吃鱼！女儿超爱吃鱼，为啥呢？我小时候超不爱吃鱼！领导小时候是没吃的，很穷，整天吃白水煮红薯。究竟她随谁呢，那么爱吃鱼？会不会是因为领导的绰号叫"猫猫"？哈哈，不纠结了！总之，爱吃鱼是好事啊，皮肤好！女儿皮肤白白的，水水的，应该有鱼肉的一部分功劳吧。

但喂婴儿吃鱼可是门学问了，一定要小心小心再小心，因为鱼有刺呀！大人卡到鱼刺都难受，何况是个不会说话的婴儿呢？所以如果你们想要喂宝宝吃鱼的话，一定要听我下面讲的经验，千万别掉以轻心，净想着要皮肤好了，忽略了安全性，酿出大祸而后悔莫及！

首先要讲吃什么样的鱼比较好，当然是吃咸水鱼啦，也就是海鱼，但一定要新鲜，最好是活的、刺少的！可能你们首先想到的就是银鳕鱼，我也是，银鳕鱼刺少，肉肥味美，是我的最爱。我冲进超市第一个想到的就是银鳕鱼，它都是冰冻的，分块卖的，我好像真没见过活的银鳕鱼，甚至它长啥样我都不知道，每次都是一块儿一块儿买回来的哦。

"南极银鳕鱼——80港元（约68元人民币）10克"，嗯，我对10克真的没什么概念，多少呢？脑子转了半天，但我明白，这个一定不便宜，一般按"克""两"卖的东西一定不便宜哦，冬虫夏草、干鲍、花胶都是按克卖的高档品！

有次领导买花胶就闹过笑话，她只看见500元，心想："哇，好便宜的花胶啊！"于是挑了好几块，准备回来煲靓汤给我喝。店老板也狡猾，先问你要不要切开，当然要切开了，切开，上秤，8000块，不会吧？这么贵，呵，领导啊，人家标价是"500元／10克"，25000块一斤。怎么办？切开了，不能不要啊！领导只能哑巴吃黄连——有口说不出了。

每次提起这事她就生气，不是气花钱，而是气被人宰了一顿。我就安慰她，那花胶真的很靓，值那些钱了，咱们吃到肚子里就好了嘛，以后，看标价一定要看清楚哦。OMG，好像又要跑题了，拉回来！

是啊，"南极银鳕鱼"看标价就知道很贵，但买给女儿就别犹豫了，尽我所能给她最好的吧！买回来，用少许油煎熟，嗯，闻起来很香，挑出肉，用勺子压碎，喂她，吃了两口，好像女儿对银鳕鱼不感冒啊，吃了两口就不想吃了，很反常哦！

我尝了一下，嗯，原来银鳕鱼的肉即使压碎了，对于婴儿来说也还是硬的，所以我是不建议买银鳕鱼的。肉太硬，应该不好消化，不适合刚刚吃辅食的婴儿。我可是花大价钱买来的经验啊！

还是吃些肉质嫩、刺少的鲑鱼、大眼鱼（红色的，眼睛巨大）比较好。其实黄花鱼也不错，肉质很嫩，女儿很喜欢，但刺很多，这就要看你挑刺的本领了。以我的经验，黄花鱼脊背上的那块肉和鱼肚上的肉是最嫩又少刺的！

其次是鱼的做法，清蒸是最好的了。开始吃辅食的婴儿的味觉已经很敏感了，知道什么好吃，什么不好吃，所以我们的辅食也会加些盐，但千万别加多了，一点点就好，因为盐除了可以调味以外，还含有人体所需的钠呢！清蒸鱼既有味道，又很清淡，适合婴儿食用。

最后就要看老爸我的挑刺本领了，先精挑细选一块肉，最好自己先试吃一小块，除了可以检查有没有刺之外，还可以试下味道，再用筷子以每隔一毫米的距离把鱼肉撕开，检查是否有鱼刺藏在里面。检查完毕，再用勺子的背面压碎鱼肉，可以让它更碎点，女儿吃了也好消化。

接着就是喂了，最好用婴儿用的小勺喂，如果非要用筷子的话，那我可要传授个方法了。小孩儿的头会没有预见性地摇来摇去，所以你要用一只手扶住她的下巴，尽量让她别动，另一只手拿筷子，别垂直往嘴里送，要平行送，像撸羊肉串那样，把鱼肉送到嘴里去，这样最安全了！

每餐我做的第一件事就是挑鱼刺，但有时我也饿啊，那时我的左右手就都派上用场了，左手喂女儿，右手填饱自己的嘴，那叫一个带劲儿！

育儿专家

对偏食的意见

为什么宝宝会有偏食的情况发生呢？因为在一般情况下，个性较挑剔的孩子在口味上也很独特，这种孩子对食物的触感、味道、气味都特别敏感，因此只要遇到稍微不熟悉或奇怪的味道，就会拒绝吃饭。

解决方案有两种：

1. 如果实在不吃，就少吃一两顿饭。宝宝即使饿一两顿饭也不会出什么大问题的，如果过于强迫孩子吃饭，他们就会有逆反心理，就更不爱吃饭，这样宝宝们就会养成不良的饮食习惯了。

2. 可以改变一下饭菜的种类和样式。先要观察宝宝的饮食喜好，再挑食的孩子也会有喜欢吃的食物，再利用宝宝喜欢的食物材料和合适的料理方法制作他们喜欢的食物。从宝宝喜欢吃的食物开始，逐渐增加食材的种类，这样就能培养出不挑食的习惯了。

总之，父母面对宝宝的偏食症要有耐心，两种方法都试试看，尽量纠正偏食的习惯。最后再强调下，即使让宝宝饿几顿也不会影响他们的成长发育哦！

第 三 章

我把青春给了女儿

认识

老爸和老妈

婴儿开始认人，一般是在6个月以后，也就是说6个月之前，她可不知道你是谁，也不会管你是谁，想哭就哭，想尿就尿，想拉就拉，爱谁谁！但在领导怀孕期间，我为了让女儿尽早认识我这个老爸，就经常做胎教，也就是每天对着领导的大肚子讲话、唱歌。

最后，领导忍不住了对我说："老公，你以后能不唱歌吗？"我问："为啥？""我不想以后女儿唱歌跑调啊，你唱得太难听了，都不在调上。"唉，领导对我唱功的评价我到现在还耿耿于怀，有那么差吗？我心里一直盘算着，将来要培养女儿当歌星，给老爸出口气，让老妈大跌眼镜，哈哈！

今天带女儿去浅水湾，第一次去海边，因为天气好，领导想让她晒晒太阳，但我们又怕阳光太强，于是选择下午三四点去，这个时候的阳光没有那么强烈！说到晒太阳，对于婴儿来讲，这可是一个非常好的活动！比如女儿刚刚出生的那几天，医生就告诉我们，女儿可能会面部发黄，但是让我们做父母的不用担心，平时给女儿晒晒太阳，很快就会好的，不用吃任何药。虽然那时女儿的面部没怎么发黄，但这太阳的"功效"让我记忆深刻，而且育儿专家们还说，多让婴儿晒太阳，还可以补钙。但我想强调下，虽然晒太阳好，但也不能晒得过久，每天晒15分钟左右就够了！

这应该算是女儿的第一次出门，所以我要把很早就准备好的儿童安全座椅给她安装到车上哦，安装了半天，搞得满头大汗！麻烦设计儿童安全座椅的人下次把说明书写详细点啊，光有图真的不行啊！女儿上车后很乖，乖乖地坐在安全座椅上，乖乖地看着窗外的景色，眼睛瞪得大大的！本以为她会哭会儿再睡觉的，没想到一上车她就开始不停地望东望西！我边开车边望后视镜里的女儿，领导在旁边忍不住讲了一句："专心开车！"哦，我这才反应过来自己这样不对哦，要安全驾驶，尤其有这两位重要级人物在车上呢，哈哈，时速不能超过法定的70迈！但我心想刚刚四十几天的小朋友可以有这么多反应，真是厉害哦！

女儿乖乖地到了浅水湾，好多人呀，我们沿着海边推着她走，还把婴儿推车反过来推，让我们能看到她，这样我们会觉得安全些！看到她不停地望望这个，望望那个，好奇心好重，好开心呀！

我们走到了一条路的尽头，要返回了，领导建议我们正着推她，也就是让女儿朝着前面，我们在后面推，这样就可以避些阳光。就这样推了不到5分钟，我们在后面就发现女儿开始左右张望，手脚乱动，变得很急躁，我们还没反应过来这是怎么回事，她就突然大哭起来，我们马上上前哄她，她看到了我们才不哭了。

我们还是不敢相信，她会因为看不见我们而害怕得哭了。但我们又想她才四十几天哦，按常理不会有这么多反应的，更不会认人，于是我和领导决定再把婴儿车反过去，"残忍"地测试一下女儿是否真的是因为见不到我们才哭的……这次还不到1分钟，她就显示出四处找人的样子，接着变得急躁，然后大哭……虽然这么做对女儿有些残忍，但我们也好心疼呀！女儿啊，你将来看到这段文字千万别生爸爸妈妈的气啊，我们只是想找下存在感啦！

哈哈，我们认定彤彤现在已经知道我是老爸，领导是老妈啦，好开心！此处可以有掌声，轰轰！领导顽皮地还想再做第三次试验，此念头一出，立马被我严厉阻止了！咱们做爹妈的，别搞得像法西斯一样好吗？别那么残忍好吗？我哪舍得再让我家彤彤哭一次啊！哈哈，写此段有些小心机的，彤彤将来看到一定会给爸爸加分的，哈——哈——哈——哈！

"爸爸"，
"妈妈"，
or "哥哥"？

在女儿没出生以前，我就幻想着她第一次叫我爸爸时的情景：也许是在一个午后的公园，伴着秋天的落叶，女儿突然抬头叫了我一声"爸爸"，我激动地抱着她在阳光下飞舞……呵呵，真的是职业病，可能看电影看多了，总把戏里的桥段搬到现实生活中来，活得好不真实啊！哈哈，赶快扇自己两个耳光，清醒下！

宝宝学会讲话，也是1岁过后的事了，听老人讲，女孩子比男孩子先开始说话，好像有点儿道理。彤彤在8个月左右就开始"冒话"了，也就是发声了，会发出ma、ba、yi……这些单音。当时，我听到女儿开始说话了，好开心！尤其是发ba的音，我以为她会叫爸爸了呢，激动了半天，可是没想到她是

见到谁都叫ba，失望透顶，原来她只是会发ba的音，根本不知道它的意思。

在这个"冒话"阶段，大人可以尽可能多地和宝宝讲话，他们基本上都能听懂，然后就是学习发音，这样是在训练他们的语言能力。最好是指着一个物体，告诉他们这个是什么，等宝宝们理解了，再逼他们学着你们的发音，这样的练习是最好的！当然，我给女儿指得最多的就是我自己了，嘴里还不停地说"爸爸，爸爸……"希望女儿将来会说话的时候，第一句是"爸爸"啦！

说到这儿，我要提到我们家庭的一个比赛，我和领导，还有哥哥的比赛，三个人想方设法教彤彤发音，我当然教她叫"爸爸"了，领导教"妈妈"，哥哥教"哥哥"，看看彤彤会叫的第一个人是谁。哈哈，这个比赛的意义重大啊！女儿的第一句话决定了我们的比赛结果，这个结果绝对是我们将来在彤彤面前炫耀的资本啊！我们三个人"各怀心机"的教学方式真是绝了！

首先我从"吃"下手，别忘了彤彤每天都和我们一样坐在餐桌前，等我喂她鱼呢。于是我抓住了这个时机，喂一口鱼，教她一句

"爸爸"！刚开始彤彤还很纳闷，本来之前鱼一上桌，我就会迫不及待地挑好鱼刺，喂她大口吃鱼了，怎么现在我不急不慌，挑好鱼刺，把鱼肉夹到她嘴边前，总是要先说一声"爸爸"！

　　彤彤第一次看到我这个举动的时候，先是一愣，心想："嗯？怎么和平时不一样了，说什么鬼话呢，赶快把鱼放到我嘴里啊……快点儿啊，还说什么废话啊！"我是不厌其烦地教她"爸爸，爸爸"，她看到我把鱼肉放到她嘴前就是不放到她嘴里时，急了，大喊一声"啊！"，然后气愤地把头向前一冲，自己把鱼肉叼到嘴里大口吃起来了！哈哈，看到这个情景，我真的是哭笑不得，我的女儿啊，你怎么就这么馋呢，先学会叫"爸爸"啦！就这样，每次带"任务"喂她吃鱼，都要把她急死了，但没办法，为了赢比赛我才出此下策的，闺女别生老爸的气啊，哈哈！

　　其次是领导的教学。话说领导的便利条件真的是太多了，彤彤很黏妈咪，每天无论是睡觉、喝奶，还是玩儿，都想妈咪陪着她，1分钟见不到妈咪，她都不行！说到这儿，我可要向我家闺女再解释一下了，等她大了看到这段文字的时候，就会知道当年老爸为啥喂鱼时"戏弄"她了，我真的是没其他机会才出此下策的啊。我的闺女，按你老妈的话说就是你只有在要吃鱼的时候才会想起爸爸。你看，老爸想要"贿赂"你，就只有在喂你吃鱼的时候啦！其他时间，你都缠着你妈咪呢，老爸哪有机会"下手"啊！

拥有得天独厚的便利条件，按理说领导可以随时教彤彤叫"妈妈"了，谁知我家领导却不按常理出牌，偏偏在哄女儿睡觉的前后教她。领导说，这样女儿的记忆最深刻，睡前教，她做梦也会梦到；刚睡醒时教，又巩固了记忆，一箭双雕，必胜！妈啊，这样想想也有道理啊，记得我上中学时，老师就教过我们，睡觉前后记单词最快，就是这个道理啊！真看不出来，我娶了个这么"厉害"的老婆，赢我没商量啊！

最后哥哥是拿出了他的"撒手锏"——初音未来。"90后"一定知道初音未来是哪位，一个日本的卡通人物，虚拟的，她是哥哥的偶像和最爱！每天哥哥放学回来，都要放"初音"的歌，是那种很吵的电子音乐！彤彤听到音乐时，也跟着它强烈的节奏扭着身子，看来这个"10后"也喜欢这种音乐！哥哥房间里摆满了"初音"的公仔，这些公仔也是彤彤的最爱！哥哥就每天用这个"初音"做诱饵，教彤彤喊"哥哥"！我们每个人都使出了十八般武艺，看谁会赢！

　　终于有一天，比赛的结果出来了！到底谁赢了呢？爸爸，妈妈，还是哥哥？卖个关子，先不告诉你们，这里插段广告，哈哈，是要插一个挺重要的小贴士：在宝宝学说话阶段，可以适当地听音乐，但不能听太久，否则会丧失学习语言的环境，久而久之，婴儿甚至会失去学习语言及说话的兴趣，从而养成沉默孤僻的个性。还要强调一下，宝宝应该听优美、轻柔、明快的音乐，而不是像初音未来那种很吵的电子音乐。优美健康的音乐既可以为宝宝右脑的发育增加特殊的营养，又可以陶冶一个人的性情！

　　比赛的结果呢，是——是——是——就是不告诉你们！无论她最先叫谁，这只是个学习语言的过程，并不能代表我们在女儿心里的排名！哈哈，答案你们应该猜到了吧，反正不是我，气死我啦！

该死的

钢琴

今天我真真切切地体验到了什么叫作发自内心的嘶喊和父亲对女儿的那份爱！今天的事情也是给所有的奶爸奶妈们敲一个警钟，做一个反面教材。照顾不会说话但是已经很调皮的小宝宝时，一定要打起两百分精神，一些潜在的危险时时刻刻都埋伏在小宝宝的身边，千万要小心！

领导今天出去工作了，就剩下我们父女俩和保姆在家。彤彤这几天又学会了一些动作，开心拍掌、give me five、再见、挥手拜拜，都不在话下。这些都是彤彤最新学到的肢体语言，如今她已经9个月了，真的是越来越聪明，我们说的话她应该都能听懂。

最近也增加了一些她对声音的练习，比方说，给她听不同的声音。我学了个狗叫"汪、汪、汪"，然后再告诉她这是狗叫的声音，当然像我这样有表演基础的奶爸，也可以随便表演个小狗给女儿看，就差没穿条带狗尾巴的裤子了。还可以学猫啊，老虎啊，狮子啊，总之，将一切不同的声音，通过不同的表演传递给女儿，这样就可以增加她对不同声音的认识了。

抱着女儿坐在沙发上，学大猩猩拍拍胸膛吼两声，却把女儿吓哭了。真该死，学啥不好，学猩猩。唉，大学上表演课时，表演动物模拟的通病，就爱学猩猩！好不容易哄好她了，一眼瞄到了已经在客厅摆放了许久的钢琴，对啊，彤彤还没听过钢琴声呢，我赶紧跑过去，坐下来，弹了首久违的《直觉》。

这首歌是本人这么多年来"走江湖"用的曲子，唯一会的曲子，哈哈，出去蒙人说我有六七级水平绝对没问题！我这一首弹完，回头看彤彤，她已经愣在那儿了，崇拜、敬佩她老爸？哈哈，小臭美一下，她那是被钢琴这个"怪物"能发出这么多声音惊呆了！女儿指着钢琴就要过来，于是我把她抱了过来，让她接触黑白键。

　　刚开始，她很胆小不敢碰键盘，这时我就先弹一下给她看，接着她就伸出小手，在黑白键盘上挥舞。当时真心觉得，我女儿真的有天赋，有弹钢琴的天赋，老爸就一首曲子走天下，她才9个月就已经开始"创作"曲子了，说来你们可能不信，她创作得真不错，不是弹棉花，是有旋律的！不信我可以以录音为证，不敢指望她能成为贝多芬，当个女版郎朗还是有很大机会的，哈哈！

　　当我正在做白日梦，梦想着我的女儿将来在台上手指飞舞地演奏钢琴的时候，女儿突然抬起手，抓住了放歌谱的隔板，顺势往身前一拉，整个钢琴盖儿扣了下来。这一系列的动作发生在0.01秒之内，我根本来不及反应，就看到重重的钢琴盖儿压向了女儿另一只放在键盘上的手，"啊——啊——"，我大声地嘶喊道。

　　这种嘶喊的场景我只在电影里见过，当时还嘲笑那位演员，要不要演得这么夸张啊，正常点演好不好，你丫一大老爷们儿至于这么喊吗！今天我绝对是真真切切地体验到，原来人是真的可以本能地嘶喊出来的，今天我是为了我的女儿！我的这个嘶喊是绝望的嘶喊，我知道那重重的钢琴盖儿压下来一定会砸到我女儿的手，那种力度一定会砸断我女儿的手指，然而看到这种情形，我阻止的动作远远没有思维进行得快，我无法挽回即将发生的严重后果，我无助地嘶喊出来，心已经提到了嗓子眼儿，卡在那里，憋得自己喘不过气来。

真的，这一系列的动作就发生在这0.01秒之内！"啊——啊——"，就在我喊出这两声之后，重重的钢琴盖儿在半空中开始了减速，在眼看着就要压到我女儿手指的那一瞬间，我伸手挡在了那里，女儿却哇地大哭起来！

我心想完了，一定是砸到了，马上把女儿的手拿起来检查，我叫女儿动动手指，看看有没有断啊，同时叫保姆马上拿冰块来，砸伤、扭伤一定要先冷敷。我不停地问女儿砸到没，女儿哭得越来越大声了，我的心真的像碎了一样，脑子发蒙，脸发热，像犯了滔天大罪一样，真的，我的眼泪就在我的眼眶里打转儿，我真的好心痛！我怎么会这么不小心、这么不称职地让我刚刚9个月大的女儿受伤呢？我宁愿砸到的人是我，就算砸死我也愿意，只要不让我的女儿受伤，我真的是连想死的心都有了！

保姆把冰块拿来，我马上给女儿敷上，可是女儿就是不让我敷，她那只"受伤"的小手躲来躲去，这时，保姆说："彤彤好像没被砸到啊，你看也没肿，手还很灵活呢！"是啊，要是砸到了，一定先肿再红啊，于是我定神好好看女儿的手，确实一点儿异样都没有。那她为啥哭啊？是不是被我刚才一系列本能的反应吓到了呢？

于是，我拿走冰块，平复一下自己的情绪，学猩猩哄哄她，哦，不行，学猩猩还是哭，学小狗吧，她一听到狗叫就笑！于是，我就"汪——汪"学小狗叫，女儿竟然破涕为笑了，原来没砸到啊，真的是谢天谢地！怪爸爸，怪爸爸太紧张了，反倒吓哭了我的女儿！没事儿就好，没事儿就好！

这个该死的钢琴，女儿第一次玩儿就差点儿出大事，决定5岁前不让她碰钢琴了，再有天赋也要等她长大些再碰。

至于钢琴盖儿为什么会在半空中减速，是因为钢琴盖儿的下面有一个减速的支杆。这个部件真的是太重要了，尤其是当小朋友玩钢琴的时候，一定要先检查一下这个部件，如果坏了就要马上修理，不然碰到像我家彤彤这么调皮的小朋友，一手把钢琴盖儿抓下来，如果没有那个减速零件，我想这0.01秒后，后果不堪设想，谁的手指都会被砸断的，千万要记住，引以为戒！

期盼已久的

第一颗乳牙

"牙好，胃口就好"，牙对人多重要啊！婴儿正常长牙是从第6个月开始，先是长下面的两颗门牙，再长上面的两颗门牙……长牙的早晚、快慢，每个婴儿都是不同的！我家彤彤的第一颗牙，我们可是盼星星、盼月亮地等啊！从第6个月开始，我每天都看看她的小牙床，期待有新的发现。

这段时间，她很爱咬东西，老人讲这就是要长牙的征兆，要磨牙。于是，我马上去买可以磨牙的面包棒，有点儿硬，可以让彤彤咬。女儿刚见到这个东西的时候，特别喜欢，放在嘴里一顿猛咬，虽然她还没有牙，但她可以用牙床咬，力气也挺大的，每次都能咬掉一小段。

当时，我还担心，这没牙咬这么硬的东西会不会把牙床咬坏啊，领导说没事，我还真是有点儿担心，恨不得把自己的牙都拔掉，亲自体验一下用牙床咬东西的感觉，觉得只有这样才放心！这个想法随口说了出来，当然是开玩笑的，领导听到了说我有病！哈哈，是啊，自从有了女儿之后，感觉自己都有点儿精神病了，这个担心，那个担心！不知道有没有"奶爸焦虑症"这种病啊！哈哈！

女儿到了要长牙的阶段，除了给她买磨牙的面包棒外，我还跑到婴儿商店，买来适合她用的婴儿牙刷、牙膏……满怀期待地迎接彤彤的第一颗牙！1个星期过去了，没有新发现，1个月过去了，还是没有，连个小牙头都没有冒！虽然这段时间，彤彤经常流口水，按领导的经验，这流口水也是要长牙的征兆啊，可就是不出牙！

到了第10个月的时候，看到和彤彤差不多大的小鲍比已经长出4颗牙了，我有点儿着急。女儿是一点儿长牙的动静都没有，牙床还是那么干净，没有冒出一点儿小白头。哪里出问题了吗？网上、书上都说婴儿6个月就开始长牙了。问老妈我几个月开始长牙的，老妈说具体时间记不得了，但肯定不到10个月就长了第一颗牙！

不问老妈还好，一问她比我还急，每天打两遍电话问小孙女长牙没。看着女儿一点儿动静都没有的牙床，我万般无奈地带着她去看了医生，这个时候彤彤已经快1岁了！医生测试了彤彤的各项指标，都很正常，看看她的牙床，也很健康！我想让医生照个x光，看看她的牙床下面有没有牙根。

医生也看出我很焦急，温和地对我说："婴儿一般在6个月到12个月开始长牙，也有12个月之后才开始长牙的，你的女儿很正常，不用担心！"可能是看我过于担心了吧，医生还告诉我，晚长牙的宝宝可能会一口气长出几颗牙，那时宝宝可能会发烧、爱发脾气，这段时间要多加注意和照顾！好吧，看着女儿活蹦乱跳地要爬到我的肩上，我知道，她是健康的、正常的！告别医生，带着她回家了！

馋嘴猫彤彤虽然没有牙，但她就是爱吃，没办法，我们只能把苹果、香蕉等水果以及她的辅食都磨成糊状，这样可以帮助她消化。随着她越长越大，她的胃口也越来越大了，见啥都想吃，但没牙又不能啥都给她吃，真是急死她了，我看着也着急啊！太硬的、不好磨碎的，她又吵着闹着非要吃，我们只能让彤彤用她的小舌头舔舔解馋，可怜死了！小牙，小牙，快出来吧，快来拯救这个小馋猫吧，哈哈！

1岁生日宴过后的一天，彤彤早上起来特别不乖，非要玩纸巾，就是一包一包装着的那种纸巾，没办法就给她玩呗，谁知，她一把抽出来一张纸巾塞到嘴里就咬！我心想："我的宝贝啊，咱再馋也不能吃纸巾吧！"就在我不在场的这点儿工夫，我的"小祖宗"已经开始嚼上纸巾了！我的妈啊，可别吃纸巾，不好吃啊，我的乖乖！于是，我马上把还留在嘴巴外边的纸巾抢走，再把手指伸到她的嘴里，想要把咬在她嘴里的纸巾掏出来。

我家闺女也不是省油的灯，看我要伸手到她嘴里抢纸巾，她哪儿愿意啊，小脑袋摇得跟拨浪鼓似的，就是不让我把手指伸进去！眼看着她想一点一点把纸巾咽下去的时候，我趁她张嘴的瞬间把手指伸了进去，想夹出那一小块纸巾。

　　谁知，这时我的女儿像个小老虎似的一口咬住了我的手指，我也没在意，没牙"婆婆"哪有力啊！"啊"……我突然叫了出来，因为我感觉到一阵刺痛，感觉有个硬硬的东西扎了我一下，虽说不算很痛，但也不像是牙床咬我的感觉！意外的一声尖叫，也吓到了彤彤，在她愣神的瞬间，我忍着疼痛迅速夹出了她嘴里的那团纸巾！

　　我的第一反应不是松了一口气，而是我的女儿长牙了吧！于是，我马上叫来领导，说："女儿好像长牙了，快来看看啊！"谁知彤彤好像生我气了，怪我刚才对她太"暴力"了！我们想让她张开嘴给我们看看，她怎么也不张嘴！呵呵，不张嘴，老爸当然有招儿让你张嘴了，我的小馋猫！我拿来她最爱吃的巧克力引诱她，小孩儿就是小孩儿，对引诱毫无抵抗力，马上张开嘴就吃！看到了，看到了，我看到女儿的下牙床冒出了一个小白头，在左门牙的位置，有颗小牙冒出来啦，有点儿透明。哈哈，我女儿的第一颗牙长出来了，太开心了！这第一颗牙，我们真的等得太久了，终于在过了1岁生日后，给了我们最好的礼物！哈哈，这也是给彤彤最好的礼物，因为她是个小馋猫嘛，有牙就可以吃更多好吃的啦！我的乖乖，你的这一颗牙，老爸我终于苦等到了，也安心了，你不再是没牙"婆婆"了！

　　胃口好，牙一定要好，管它来得早或迟，总之，来了就好，我的小馋猫！

小贴士：

乳牙迟出的原因

婴儿一般从半岁开始就会出牙，有些早的在出生4个月就开始出牙，而晚的在10个月仍未出牙，极个别晚的在1岁左右才出牙，就像我家彤彤。排除疾病的原因，这些都属正常现象。

为什么有的孩子的乳牙出得这么迟呢？这主要和他自身的发育状况及身体机能有关，常见的原因有：

A. 婴儿身体缺钙，这个是最常见的原因。

B. 内分泌代谢障碍，如甲状腺功能低下，也会妨碍牙胚形成，延迟乳牙长出的时间。

C. 神经系统功能紊乱和患有某些传染病，以及先天性骨骼发育不全等，都会使牙齿发育受到影响。

因此，想要宝宝长出健康的牙齿，就要做好保健工作。母亲怀孕以后，每天要摄入充足的蛋白质、维生素，尤其要补充钙质。

宝宝出生后，除增加钙质食物的摄取外，还要注意加强孩子的体格锻炼，让他们多晒太阳，四五个月后，可以让宝宝多咬些硬的东西，这样可以锻炼牙齿，有利于乳牙的及时长出，同时也要注意保持口腔卫生。

兄妹

情深

我写这本书的时候，常常是女儿睡觉、
领导在沙发上煲电视、大儿子在自己的房间
里上网、打游戏。我坐在餐桌旁，打开一盏
小台灯，想到哪儿写到哪儿。儿子打完游戏
出来时常会看到我在电脑上码字，他就会凑
过来看几眼，问我："有没有写我啊？"哈
哈，就知道儿子会问这个问题的，无论儿子
多大，都还是小朋友，都会吃醋的。

刚开始，要再生一个的时候，我和领导
还担心过这个问题，怕再生一个后，儿子会
担心爸妈对他不好了。反过来，我们也会担
心儿子会吃醋，到时候对妹妹不好！

首先，我和领导早就做好准备了，即使
彤彤出生了，我们也不会让儿子感觉到我们

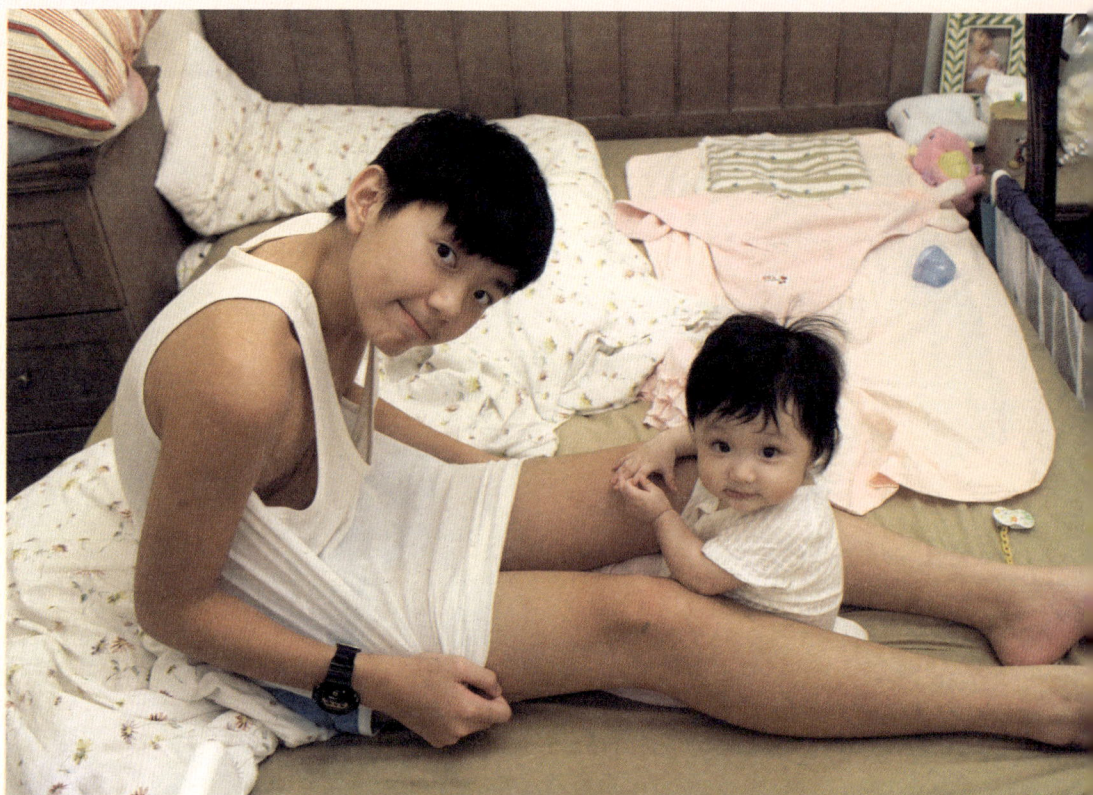
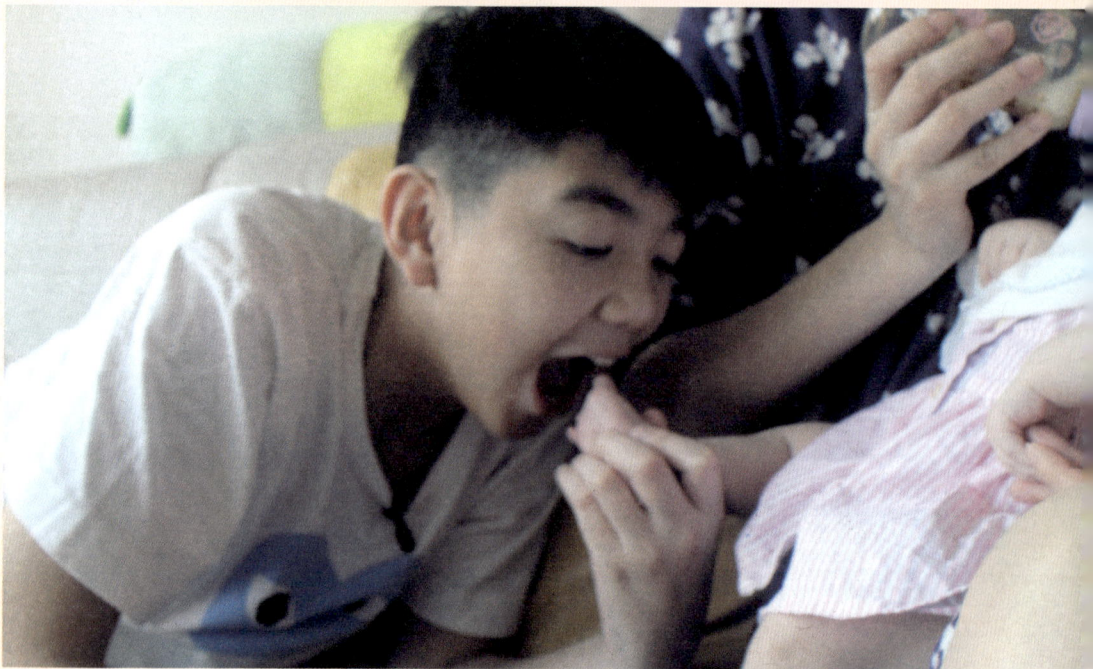

有所偏心。记得有一次我和领导做客《非常静距离》，静姐还问过我们这个问题，我当时就说："我们会对儿子说，将来这个妹妹就交给他照顾了。"呵呵，这句话从彤彤出生前就和哥哥说了，所以这一点，我和领导都做得很好。从女儿出生到现在，儿子也没有投诉过我们对他不好！

其次，我们怕儿子会欺负妹妹的想法也是多余的！哥哥不知道有多喜欢、多疼爱他这个妹妹呢！记得女儿刚刚出生，从手术室推出来的时候，在手术室外面一直等待的哥哥就马上跑过来，拿起自己的手机不停地给妹妹拍照，很多第一手照片都是哥哥拍的，十分珍贵！

女儿出生后的两三个月，我和领导真的是手忙脚乱，对哥哥的关心自然少了些，在我们觉得对哥哥很愧疚的时候，他却主动来帮忙照顾妹妹。

最让我印象深刻的是，妹妹睡觉的时候很容易被惊醒，而只要她一被吵醒，就会大哭大叫，很难再哄入睡，有时连我这个老爸都不行，但是哥哥却行！只要哥哥过去抱住妹妹，拍她几下，妹妹就会入睡了。这种磁场我真的不知道怎么解释了，是天生的吧，妹妹对哥哥的信任和依赖，有时超过了我这个老爸，我都会吃哥哥的醋呢！

妹妹每次见到哥哥的眼神，都像在发电，撒娇一样伸出双手要哥哥抱她，把她的脸靠在哥哥的身上。每当看到这个充满爱的画面时，我和领导都很欣慰，觉得他们兄妹俩天生就那么惺惺相惜，让人好羡慕！

有些事情真的无法用科学来解释，妹妹天生就和哥哥感情这么好！没人教她，没人告诉她要爱哥哥、要尊重哥哥，但妹妹全做到了，虽然她还不会讲话，但她的眼神、她的肢体语言已经告诉我们这些了。这也许是遗传，我还解释不了，真的是太奇妙了！

对了，刚刚提到妹妹尊重哥哥，更准确点儿说是有点儿怕哥哥。平时白天哥哥都上学不在家，妹妹就总吵着要去哥哥的房间，因为哥哥的房间摆满了玩具公仔，尤其是初音未来的公仔，那绝对是哥哥的"命根子"，平时连我和领导都不允许碰，生怕碰坏了。

妹妹受哥哥的影响，也很喜欢初音未来的公仔，总是让我抱着她去哥哥的房间拿。我当然不能给了，万一她一把摔到地上，弄坏了，哥哥回来一定会伤心死。刚开始的时候，我不让妹妹去拿，妹妹就发脾气，"啊——啊——"地嚷着要过去拿。有一次，我拿妹妹没办法了，随口说了一句："哥哥不让你拿啊，他回来会发脾气的！"我怎么也想不到，妹妹好像听懂了我说的话，立刻把手缩了回来，不再吵着要拿了，哈哈，原来她很怕哥哥啊！我看得出妹妹其实很想要，但听到哥哥会生气，她还是忍了下来。

如果这件事还不足以说明那种"奇妙"现象，那接下来我要讲的事绝对会让你心服口服！妹妹是越大越淘气，现在会自己翻身，到处爬了，见到什么东西都想拿来玩儿，尤其是电视遥控器，这个绝对吸引她！可能每次我用遥控器调台的画面，她都看在眼里，每次她拿着遥控器，也都学我的样子，一个接一个地乱按按钮，边按边看电视，看看有没有转台，接着又顺手把遥控器丢在地上。

我们担心遥控器这么摔指不定哪天就报销了，但每次不给她遥控器呢，她就大叫着一定要抢过来，真的是拿她没办法。

有一次，哥哥看到妹妹又要玩遥控器，马上很严厉地说："No！"妹妹一看到哥哥很严厉的样子，马上不敢再丢遥控器了，而是乖乖地把遥控器放在沙发上，做这一系列动作的同时，她的眼睛一直望着哥哥，眼神从一开始的可怜，到委屈，再到眼泪汪汪，接着眼泪像黄豆粒般一颗颗掉下来，还不敢大声地哭，而是很小声、很委屈地哭起来，好像在说："哥哥，我哪里做错了啊？"

千万别不信啊，我就坐在旁边，亲眼所见！有时，我就埋怨地和领导说："你看女儿怎么和哥哥感情那么好啊，还那么怕哥哥，听哥哥的话，她不会把哥哥当成爸爸了吧？"领导眼都没抬一下，回我说："你有病！"哈哈，看没看到，我这个当爸爸的都吃儿子的醋了！

哥哥虽然是个大小伙儿了，但还是需要爸妈疼爱的，尤其是妹妹出生之后，我们对他的爱自然少了些，儿子嘴上虽然没有抱怨过，但有时还是会撒撒娇啦！

记得有一次，女儿发烧了三四天才好，在这三四天里，我和领导都在照顾女儿。女儿的烧刚刚退了下去，哥哥那边就说不舒服了，头疼得厉害，我们从没见过他这么难受的样子，躺在床上不吃饭，也不起来喝水，一直说头疼。我就马上又跑到哥哥的床边，给他按摩头，让他能舒服些，儿子这才心满意足地睡去。

我和领导心里都知道，儿子是在撒娇呢，毕竟还是小朋友嘛，多疼疼他也是应该的，尤其在有了妹妹之后，可不能偏心啊！家有两宝的父母们，做到一视同仁绝对是门学问，我们也在学习中。

兄妹之间的感情是与生俱来的，解释不了，我经历了，告诉你们啦！

父女的
第一次
跨年倒数

今天是2014年的最后一天哦，儿子陪领导去工作了，不远，但跨年倒数她娘儿俩就在工作中度过了，而我呢，哈哈，和我的小情人过呗！女儿这两天要出牙了，我已经看到了她的下牙床上有一个小洞，小牙要往上冒了，喂她吃苹果的时候用的是钢勺（这里要特别说明一下，不建议给婴儿使用金属食具，还是用宝宝专用的塑料食具比较安全，我用钢勺是为了擦苹果泥，钢勺有力，但我喂女儿的时候是特别小心的，尽量不要碰到她的牙床，尤其是她想咬勺子的时候，一定要迅速拿出来），会听到牙齿碰撞钢勺的声音，一颗心算是落下了。

终于要长牙了，都快1岁了，急死我们了！哈哈，好像有点儿跑题了，不是要讲元旦倒数吗，是的是的，拉回来！女儿当然不知道什么跨年啊、倒数啊，所以她还是按照她之前的作息时间，晚上7点吃完晚饭就差不多要睡了，再加上下午我带她去公园玩了一会儿，所以很累，吃完饭马上就睡着了，而且是熟睡的那种！

哈，话说回来，我倒喜欢她熟睡，要不然我就要跑到房间里拍她、唱歌哄她睡觉了。（平时她总起身，有小小的声音都能吵醒她的。）

她睡觉，我看着跨年晚会，话说今年各卫视的跨年晚会真的是拼了，一色的大咖，韩星居多，呵呵……反倒我人在香港，突然感觉……怎么香港的大咖不见了，每年跨年不都是要请这个香港天王、那个香港天后的吗，今年突然都消停了？

又要跑题了，赶快回来。一个人在偌大的客厅里看跨年晚会真是挺无聊的，偶尔会听到外面人群骚动的声音……是啊，这会儿正是热闹的时候，回想以前"混"日子的时候，这么重要的节日，一

定是和"狐朋狗友"一起狂欢呢，酒吧、KTV……谁没有过青春期
的骚动呢？如今我已为人父，不仅仅是为人夫哦，看着10个月大的
女儿在跨年之夜熟睡，如此简单无聊的庆祝也让人感到十分满足和
幸福。

　　因为我在陪我的小情人，哈哈！"混"的日子一去不复返了，
也没啥怀念的，剩下的就是平淡而幸福的家庭生活喽。尤其是有了
女儿之后，我的身心已经彻底改变，男人啊，结婚会变，生儿育女
之后也会变，不信你们走着瞧，哈哈！

　　看着时钟嘀嗒嘀嗒地转着，再过不到一个小时2014年就要从
指尖中溜走喽，一时间脑子里开始过电影了，片名可以叫《我的
2014》。2月4日小公主来到我们身边，第一次看到她、第一次抱
她、第一次喂奶、第一次换尿片、第一次……妈啊，原来有这么
多第一次，不行，片名要改，应该叫《我的第一次在2014》。哈哈
哈……听着有点儿别扭，想得有点儿邪恶了，哈哈，打住！都当爹
了，正经点儿行不？行！总之，是很多个为了女儿的第一次，填满
了我的2014！

这一年我33岁，我真正当上了爸爸，一个小天使的爸爸，所以这一年对我这辈子是很重要、很有意义的一年！

坐在沙发上，面对着无聊的跨年晚会，我的脑子在不停地过电影，《我的2014》的每一帧画面都精彩难忘……突然，外面又是一阵大声的骚动，紧接着"10、9、8、7……"，什么？等等……不会吧，这么快，要跨年啦！我的女儿呢，还在睡梦中……咋办啊，叫醒她？不忍心啊！"6、5、4……"，我飞奔到床边，再小心翼翼地爬上床，生怕吵醒她，紧握手机，打开自拍，对着我和熟睡的女儿。"3、2、1"，零点时分，咔嚓，一张跨年照片就这样产生了，哈哈，难能可贵的一张照片。从2014年跨到2015年的那一刻，我和我的女儿在一起，就我俩，父女俩，管他是谁陪谁呢，在一起就好！

回头看照片，她睡得像个小猪崽，奶嘴都掉了，嘟着小嘴，我露出招牌笑容，哈哈，一张简单的照片，一张有意义的照片！躺在女儿旁边，听着外面传来一阵阵人们跨年的欢闹声和爆竹声，再看看这张照片，嘴角向上翘起，我开始幻想，等女儿长大了，我就拿出照片给她看，开始邀功，告诉她："你的第一个跨年夜是老爸陪着你过的哦，看看爸爸当时多帅，多年轻！"哈哈哈……请问张先生，现在要不要马上用美图秀秀，再把照片保存起来啊！

筹备

生日宴

时间过得好快，转眼间彤彤就要1岁了。记得在她百天的时候，我不在香港，没有给她办百日宴，那时我就对女儿许下承诺，百日宴没有办，爸爸等你1岁时一定补给你一个难忘的一周岁生日宴。转眼间就要到了，一个月前，我就和领导商量，在哪儿办，请哪些人……一系列的事情就来了，筹备彤彤的一周岁生日宴开始倒计时啦！

在选场地的时候，我们就已经开始头痛了！给小朋友办Party就一定要选一个供小朋友玩耍的地方啊！虽然我的女儿还小，基本上都玩不了，但邀请的宾客一定会带小朋友来，那就要准备适合小朋友玩耍的场地。

第一个想到的就是迪士尼乐园。那边有

个迪士尼酒店，可以在里面搞Party，之前也有朋友在那儿举办过，挺不错的！于是我们马上打电话咨询，咨询过后，一切都挺满意的，但回家我们就发现，去迪士尼乐园举办女儿的生日Party是不错，但是路途有点儿远啊。

因为香港的迪士尼乐园在香港国际机场附近，即使自己开车过去也要1个小时左右，如果被邀请的宾客有些要坐的士和地铁，再带着小朋友一起来参加生日Party就会比较麻烦，再加上我们需要提前去迪士尼那边布置场地，我怕不仅是宾客会觉得麻烦，连彤彤都得提早过去，那样的话绝对会影响她的睡眠，要是在生日会上我家彤彤一直在睡觉，不能以她那迷人的笑容迎接宾客，那样不就不完美了吗？

想来想去，我和领导都觉得可以找个近一点儿的地方，迪士尼乐园可当备选。好吧，从打电话再到现场查看已经浪费我们一个星期的时间了，剩下的时间不多了，抓紧吧！

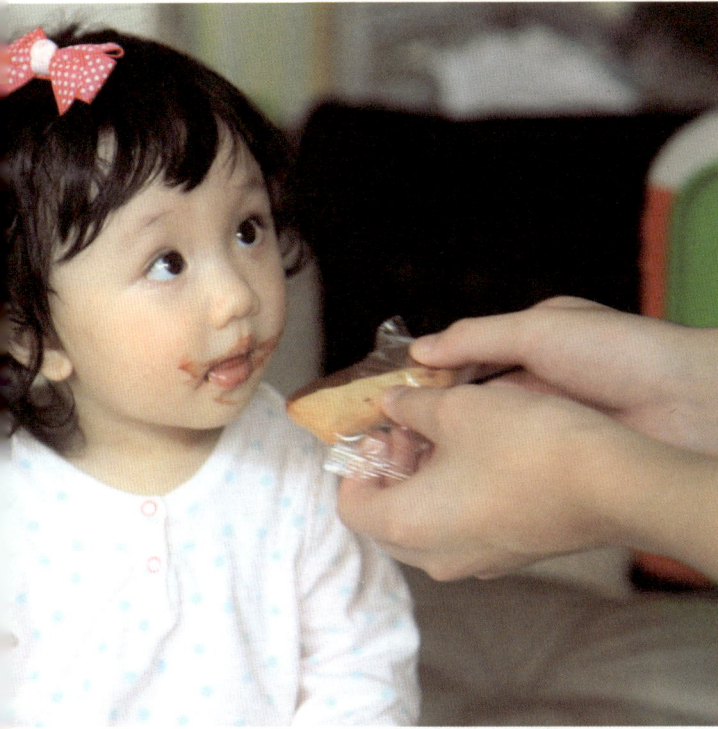

我们物色了一圈，既要离市区近，又要适合开小朋友的生日
Party、能提供玩具设施，这种地方真的是少之又少。最后，领导没
辙了，就打给了所有她认识的、已经生了娃的、印象中又举办过生
日Party的朋友，一一询问……哈哈，其实这期间我有小小的偷懒
哦，因为在香港嘛，香港是领导的地盘，谁的地盘谁做主，我在香
港朋友少嘛！但为了不让领导说我偷懒，她每打一个电话，我都像
个小秘书一样，拿着笔和纸，一一做好笔记，出不了脑力，那就出
体力呗，哈哈！

打了一圈电话，记了小十页的笔记，喝了两杯港式奶茶，最后
做出决定，去领导闺密Ada女儿之前办生日Party的一个会所办生日
宴，会所基本符合我们的要求，市区内、场地大、可以摆放小朋友
玩的那种充气滑梯（这个是要提前租的），绝对适合举办小朋友的
生日Party。好嘞，别多想了，就这家了，赶紧先订下，后面还有好
多事呢！

场地搞定，接下来就要确定宾客了。就像刚刚说的，邀请的宾
客尽量是已经有小朋友的，可以带着小朋友一起来参加Party。因为
这个不像婚宴，只要是朋友都可以邀请，万一邀请的朋友是单身

或者没有小朋友，大人来了会很无聊的嘛，大人又不能脱了鞋跑到充气滑梯上玩，所以要尽量邀请有小朋友的朋友，嘻嘻。

这个时候本来以为我又可以偷懒啦，因为在香港主要是领导的朋友嘛，我只有几个，一早就已经通知了，虽然他们都没有小朋友，我也不管了，"命令"他们一定要来，哪能老爸这边没人撑场子的，是吧？

哦，又跑偏了，刚刚说到想再偷点儿懒是吧，对啊，可是这个小心计没得逞！我家领导哪儿能让我闲着啊，她下令把女儿出生前、出生时、出生后的所有照片、视频精选剪辑出来，在生日宴当天放给大家欣赏！OMG，当我听到"所有"二字的时候，我的头就大了，如果我是个漫画人物，此时我的左耳边会先出现三条直线，汗！紧接着，从我的右耳上方会依次跳出单反相机、傻瓜相机、DV机和手机。手机又分我的"前任"手机、"现任"手机和领导的"前前任"手机、"前任"手机、"现任"手机等，只要储存了我家彤彤的照片和视频的所有设备都要筛选一遍！你们说，我的头能不大吗？

　　虽然我知道这一定是个海量工程，但为了我的女儿我豁出去了，开干！一张一张地看、一段一段地选，在这个过程当中，看着每张照片、每段视频，我仿佛又经历了一次从女儿出生前陪领导待产，到女儿降临的那一刻，再到她渐渐长大的全过程！这些影像又像过电影一般，我虽然累，却感到无比的幸福！感谢科技的进步，让我们可以随手记录生活的点滴！细细数数，有超过10000张照片和1000段视频，OMG，这个数字连自己都被惊呆了，原来我们为女儿已经记录了这么多！说给领导听，领导冷冷地回了一句："有那么多吗？我还嫌不够呢，赶快整理吧！"

　　好家伙，口气可真不小，还催我！我用了三天的时间，才完成粗选，又用了三天的时间，完成了我的精选，为啥说是我的精选呢，因为还有领导的最终精选嘛。领导用了三个小时，完成了对女儿生日宴会上播放的照片和视频的精选！

　　好吧，谁让我是小秘书呢，前期苦活儿我要先干，领导只需要"画龙点睛"就好！嗯，还是当领导好，哈哈！场地搞定，会场内的所有餐饮、设施搞定，宾客全部通知好，这才算基本筹备好，看下日历，整整用了1个月的时间，按领导的话说，好像又筹备了一次婚礼！

最后，我给也准备给宝宝过一周岁生日的奶爸奶妈们一些小贴士：

第一，场所。也就是在哪儿办，这个最重要，除了交通便利之外，还要看场所的大小和用餐形式。最终我们选择了会所的自助餐形式，一是场地够大，可以摆放我们专门为到场小朋友租的充气滑梯；二是自助餐形式的优点就是能带动宾客的整体气氛，而且还能随时提供餐点，让一些迟到的宾客也能得到相同的餐点，随意性也比较强。

第二，宾客。尽量选择有小孩儿的朋友，他们可以带着小朋友来参加Party，小朋友生日宴一定要以小朋友玩得开心为主。如果邀请了没有小孩儿的朋友来，他们可能会觉得闷场，除非是你的闺密或哥们儿，不需要特别招待，可以自娱自乐，也不会觉得主人家招待不周的，那你们就请吧！

第三，形式。生日宴当中，当然要放一些宝宝从出生到现在的影像资料了，因为宝宝成长的这一年可能会发生翻天覆地的变化。我家彤彤就是最好的例子啊，从出生到现在完全是两个人，当时我还怀疑彤彤到底是不是我的女儿呢，爸妈不算丑人吧，可她刚出生怎么会那么丑啊，嘻嘻，不说彤彤坏话了，反正她现在是越来越美丽可爱了！所以这个环节一定要有，可以让到场的宾客更加了解小主人公嘛！

　　第四，回礼。到场的宾客一定会买礼物或者包红包嘛，所以主人家也要准备小礼物送给宾客。我们当时准备了一包小朋友喜欢的糖果，经济实惠，小朋友们最喜欢！无论怎样筹备，记住宝宝的一周岁生日宴，主角永远都是宝宝，让他们玩得开心、吃得开心就对了！

星光灿烂的

生日趴

筹备已久的生日Party终于到来了，一早起来，我们就给彤彤安排工作了——抓周。这可是彤彤奶奶头一天在电话里特地交代的，一定要做！

于是一早起来，我就开始按照老妈说的，找来了抓周用的东西：1. 字典，代表文学家或科学家，有知识的人才；2. 糖果，喜欢吃甜食；3. 毛笔，代表书法家、文人；4. 金钱（放在红包里）、金表，代表富有之意，日后可成为银行家、善于储蓄的富翁或有钱人；5. 皮尺、尺子，具有尺度的意味，代表律师、法官；6. 筷子，代表喜欢吃，是个美食家；7. 相片，代表摄影师；8. 唱片，代表音乐家；9.《圣经》，代表跟领导一样是虔

诚的基督徒；10. 小鞋子，代表旅行家、探险家。

这里要特别提一下，我翻箱倒柜找到领导在N多年前出的第一张唱片，也是最后一张唱片，哈哈，我听过里面所有的歌，对于领导的唱功不敢恭维，如果我是唱片公司老板，敢再给她出第二张唱片才怪呢！哈，不要打我！东西准备好，给彤彤也喝了奶，好了，吃饱喝足准备抓周。此时，我的心情是激动的，可能自己希望女儿将来是什么样子，就希望她能抓到什么了。我想领导的心情和我的应该是一样的吧！

我俩表面都无所谓的样子，一幅抓啥都行的架势，但心里还是紧张地看着女儿到底会抓什么。我家闺女真的很镇定，先是坐在那里看着眼前的东西一动不动，好像是在想这都是些什么玩意儿啊，大清早我老爸搞什么啊！看着彤彤不动，我们就等呗，可等着等着，她还是不动，一直打量着眼前的东西。我和领导就诱导她啦，拍拍手："彤彤，过来啊，看看你喜欢什么？"彤彤伸了个懒腰，开始向前爬了，面带笑容，吐着口水向前爬。

哈哈，到了跟前，还是先打量一圈眼前的东西，并没有急着下手。我和领导都很紧张地看着她，没敢吭声，等着她抓第一件东西。猜猜看，她第一个抓的是什么，哈哈……是筷子！我预感她就会先抓筷子，为啥？我的女儿馋啊。哈哈，将来一定是个美食家，和她老妈一样，喜欢品尝美食，胃口好得很呢！

紧接着，她又抓到了毛笔！太好了，女孩子要有文化修养嘛，淑女更是如此！像她老爸，也写本书呗，这才叫才女！

右手握住毛笔，左手随手就抓住了放了钱的红包！哈哈，我和领导突然大笑起来，我问领导为啥笑，她不说，反问我为啥笑，我说："有才又有财，多棒啊！"哈哈，我俩又是一阵大笑，看来领导和我心有灵犀！此时，彤彤看到我们大笑，她也跟着大笑，又随手去拿金表……抓周只是宝宝一周岁生日时的一种庆祝方式，一个好玩的仪式，爸爸妈妈们千万别纠结宝宝们抓的是什么，无论抓到的是你希望的还是你不希望的，都别太在意，宝宝玩得开心就好，别迷信哦！

彤彤的抓周仪式结束后，我和领导就赶快给她换上今天的小公主裙，今天小主人公在生日Party上的造型是领导设计的！

女儿是小公主了，那我和领导还有哥哥岂能随便，也要打扮一番，撑撑场面嘛！一家四口，装扮整齐，出发！我们到了会所，给小朋友们玩耍的充气滑梯已经充好气了，准备迎接即将到来的小宾客们！

趁大家还没到，我先抱着彤彤睡了会儿，因为一会儿一定睡不好了，让她先养好精神！而且我和领导还有一点比较担心，就是怕彤彤见到那么多人，会怕生大哭，还是让她先休息好！

不久之后，宾客们都纷纷到来，好多小朋友一看到充气滑梯就已经兴奋地跑到上面开始玩儿了，看着他们在上面玩得那么开心，我心里就想我家彤彤再大点也就能玩了！此时，她还在婴儿车里熟睡，看来早上的抓周仪式玩得太累了，周围环境那么吵，她还是睡得那么香！

可我和领导却忙得不可开交了，小朋友们在玩充气滑梯，我们的大朋友们也要照顾好啊，所以我和领导就兵分两路，陪到场的宾客们聊天，生怕他们闷场！领导的好闺密们都来了，张晋、蔡少

芬夫妇和他们两个可爱的小公主，黄贯中、朱茵夫妇和他们的
小公主，以及陈法蓉、陈慧珊、杨思琦、苑琼丹等很多娱乐圈
的好朋友也来了。

　　现在我家彤彤肯定不知道他们是大明星啦，女儿啊，这些可都
是爸爸那代人的偶像啊，你多有面子呀！突然，彤彤醒了，大家都
一窝蜂地冲过来，想要看看今天的小寿星嘛！刚刚睡醒的彤彤却被
吓坏了，还没反应过来为什么有这么多人，1，2，3，哇——大哭
起来。

　　我和领导马上很友好地让大家离我们半步远，说女儿怕生，
可这也不行，她还是哭，越哭越厉害，这可咋办？我赶快先把
女儿抱离人群，让领导和大家解释下，让女儿先缓缓，一会儿
再与大家见面！看来女儿怕生的习惯还没有改变啊，咋就这么
胆小呢，我的闺女啊！

　　在外面慢慢哄好了女儿，总算不哭了，里面也马上要到切
蛋糕的时间了，现在正在播放我煞费苦心制作的女儿的影像视
频，5分21秒，我清楚地记得时间，所以也不能在外面待太久

了，但想想万一一进去再哭咋办，也不能边哭边切蛋糕啊！正在我不知怎么办的时候，我看见领导飞奔出来，手里拿了个大棉花糖，彩色的，一圈一圈的，我还在纳闷领导怎么吃这么幼稚的糖，原来她是拿给女儿的。

彤彤一看见这个大棉花糖，马上就不哭了，一把抢到手里，开始玩了起来！我刚想表扬领导想的这招真好用，她已经拉着我们进去了。还好，女儿进来又看到那么多人也没哭，因为此时她的注意力都放在那个大棉花糖上了，总之，不哭就万事大吉！

领导先发表感言，当然要感谢大家来参加我们女儿的一周岁生日宴会了。我站在她旁边，越听越不对劲，心想坏了，我要讲的话都被领导讲了，一会儿我讲啥啊，不是说好这几句由我讲吗，她可倒好，一来劲儿都讲了。

"好了，现在也让彤彤的爸爸讲几句！"领导把麦克风递给我，呵呵，突然有种老爸向前冲的感觉，硬着头皮也要即兴多讲几句啊！总算用不太顺畅的普通话发表了喜得爱女的感受，为啥是不太顺畅的普通话呢，因为我结巴了嘛！为啥结巴了，因为领导把我要讲的话都讲完了，她把麦克风递给我，我又不能不讲，还不能讲得太少，所以就即兴发挥，又没有发挥得特别好嘛！还好，我闺女没看到老爸在台上的窘样，为啥没看到，因为她还在看着那个大棉花糖嘛！

接下来，切蛋糕、和到场的宾客拍照合影，彤彤都没哭，是因为那个大棉花糖？我告诉你们不是的，是因为摆在她眼前的生日蛋糕。她的眼睛眨都没眨一下地一直盯着她的生日蛋糕，心想什么时候才能吃啊，这导致我们拍的每张合影，我家彤彤都是低头望着她的生日蛋糕，没有几张是看着前面的，我们所有人都哭笑不得！

彤彤的一周岁生日Party圆满结束了，回家的路上，我边开车边从后视镜看着已经熟睡的女儿，心里甜滋滋的，心想女儿这个十分重要、十分有意义的一周岁生日宴开得很成功，希望她将来长大后看视频的时候会喜欢，这也算是作为父母送给她的第一份生日礼物。

突然，我转过头问领导："你今天怎么想到拿那个棉花糖哄女儿啊？"

"今早她第一个抓的是什么？"

"……筷子！"哈哈哈！

与爱

共生

> 彤彤打在她娘胎里就开始录制一档真人
> 秀，是辽宁卫视专业制作团队打造的全球首
> 档电视育儿家庭真人成长秀，也就是要记录
> 我家彤彤的成长过程。

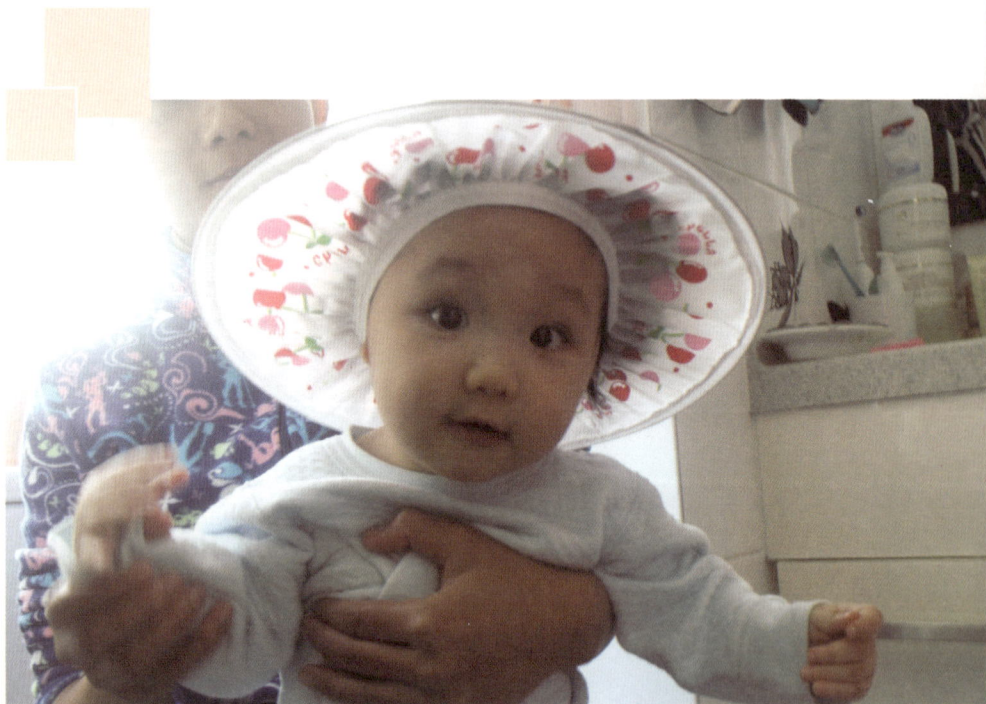

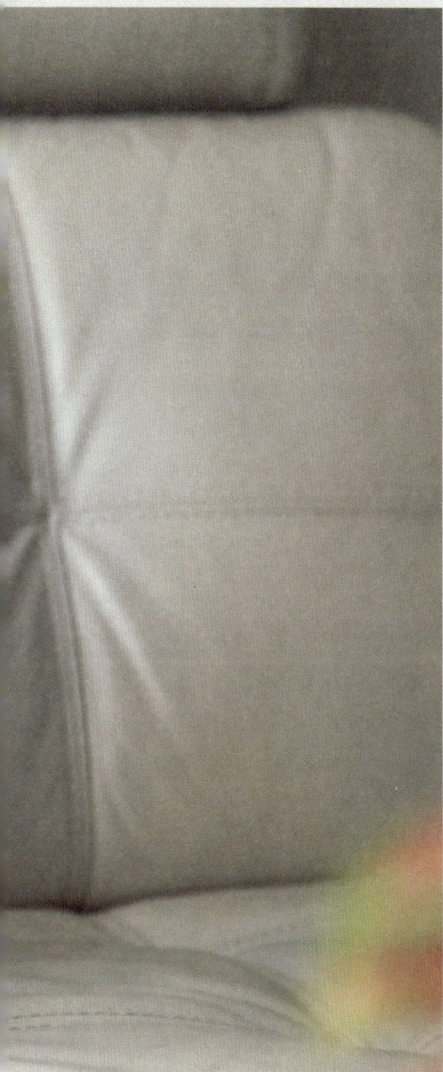

　　好多朋友都问我们怎么接了这档漫长的节目呢？其实真的很巧，在领导怀孕期间，湖南卫视播了一档很火的节目《爸爸去哪儿》，我和领导都看过，记得当时领导还说："哇，现在都带孩子出来录节目啦！"当时的火热程度可以说是无人不知、无人不晓。

　　亲子真人秀节目开始火起来之后，我们也接到了节目组的邀请，那时距离领导的预产期还有不到半个月了。我们当时还是很犹豫要不要接这档节目的，因为考虑到它的拍摄周期真的是太长了，怕女儿出生之后，会有很多不可预见性，比方说可能忙到连彤彤都顾不上了，怎么还会有时间和精力再录制节目呢？节目组的编导也费尽了口舌，最终他们的一席话打动了我们，让我们确定参加节目，他们说："相信我们绝对不会影响到你们的生活，我们只是真实地记录你们的生活……这个节目将会是你们给女儿最珍贵的礼物……"

　　是啊，也许女儿出生后，我们会把所有的精力放在照顾她上，而没有更多的精力和时间再去记录她的成长了，现在有这么专业的团队帮我记录女儿的成长，何乐而不为呢？于是我们答应参加节目。我的宝贝女儿从一出生就开始面对镜头，也可以说我家闺女从一出生就开始工作啦！

节目录制得很顺利，它真实地记录了我家彤彤成长的一点一滴，而且每周四晚都在辽宁卫视播出，这样也方便了远在哈尔滨的爷爷奶奶见证彤彤的成长。老妈自从看了节目之后，就经常打电话问责我："这个星期彤彤好像瘦了哦，赶快多加点儿营养！"

嘿嘿，这个亲子节目反而变成了奶奶监视孙女成长的节目，一看到有啥"不对劲"，肯定第一时间打来电话，我这边就得解释一下了，我说："老妈，做节目会有些滞后性的嘛，你看的这期是上个星期录的啦，彤彤的感冒已经好了，您就放心吧！"

老妈可不信你这套，第二天肯定还打电话问。而且我说出来你们可能不信，自从有了这个亲子节目之后，老妈说家里的台就没换过，一年365天，不管有没有这个节目，天天都锁定辽宁卫视，看得出奶奶对孙女的爱了吧，不比爸妈的少啊！

快到年尾的时候，节目组安排了一次家庭大聚会，把分散在6个城市的家庭聚集到厦门，举办个大Party。其他5组家庭的小宝宝，我们也是从他们出生开始就在关注，可以说是看着他们慢慢长大的，但只是在电视上哦。

给我印象很深的是来自湘西大山里的小鲍比一家，爸爸妈妈都是"90后"，这一年来看着他们一家人在慢慢地成长。"90后"的爸爸逐渐承担起了做父亲的责任，妈妈是一位纯朴的农村女孩儿，一家人在大山里过着平静的生活，时时会打动我。而且小鲍比是这几个宝宝当中最早会站、最早长牙、最早会自己走路的宝宝。小鲍比的妈妈讲过一句话："我们家的条件肯定没有其他家庭的好，这大山里能有啥给小鲍比补充营养啊，就鸡蛋和番薯这些呗。"可小鲍比却是这几个小宝宝当中身体最强壮的！

彤彤是第一次来厦门，刚下飞机还比较适应厦门的环境，没哭没闹！我们来到节目组安排的度假村里，其他5组家庭也陆续到达。临近黄昏的时候，节目组安排大家见面。领导带着彤彤先去拜访了新疆家庭夏珂珺一家，新疆人是十分热情的，他们送给我们新疆的围巾，还给彤彤带来了一顶新疆小帽。

夏珂珺的姥姥热情地把帽子给彤彤戴上，彤彤"盛情难却"，哇的一声大哭起来，哭声绝对像钱塘江大潮般来势凶猛，让领导也措手不及，马上客气地把帽子摘了下来。刚开始我们以为彤彤是因为不想戴帽子才哭的，原来并不是，帽子摘了也不行，匆匆告辞回到房间也不行，还是哭！

紧接着，其他家庭陆续来到我们的房间看彤彤，我家彤彤都是以哭声"招待"他们的。送走了最后一个家庭之后，彤彤还是没有停止哭泣，哭得喉咙都沙哑了，眼睛也肿了，这可心疼死我们了，我赶快使出我的必杀绝技，唱《小燕子》哄她："小燕子，穿花衣，年年春天到这里，我问燕子你为啥来……"可是这招也不好使了，她还是不停地哭。我想今天女儿一定是被吓坏了，见了那么多的人，看来她是很怕生的！折腾了一整夜，彤彤都没怎么休息，哭累了就睡一会儿，醒来又开始哭。

第二天，我们都很担心彤彤会继续哭下去，于是和节目组说我们想提前结束这次聚会，因为彤彤一见到陌生人就开始哭，这么一直哭下去不是办法！我们想尽早带她回香港，回到熟悉的环境中应该就不会这样了。

节目组很理解我们的心情，但他们又不想让这次难得的聚会留下遗憾，他们建议我们可以先带着彤彤看看他们这次请来的育儿专家，正好可以针对女儿这次见到陌生人反应这么大做个咨询，看看育儿专家有没有好的建议，如果还不行的话，他们就会马上订机票让我们回去。

于是，我们带着彤彤见了育儿专家，她们是专门从北京过来的，很有权威性。专家先是检查了女儿的全身指标，都很正常，针对彤彤的怕生还做了专门的试验。我和领导一直在旁边陪伴着女儿，生怕她再哭，想不到小家伙看到了穿白大褂的专家反而不哭了。

最后，专家告诉我们，彤彤的一切指标都正常，让我们放心！至于为什么她这么怕生，可能和我们平时过于保护她，不让她接触陌生环境与陌生人有关系，所以她们建议我们多带彤彤出去走走，多见见人，多看看除了家以外的其他地方，这样她就不会再这么怕生了！

领导还担心地问："那彤彤的心理是健康的吧？"专家笑笑说："当然健康了，但你们再不带她多出去见识下，就会变得不健康了！"一听到会"不健康"，我还是很担心，马上做了决定，继续留在厦门，带着彤彤和大家一起聚会，哭也要坚持下来，让她多见、多看、多听，希望这样可以让她克服现在怕生的心理！

真的很奇怪，自从彤彤让专家们看过之后，好像就不怕生了，见到陌生人也不哭了！接下来，我们带着彤彤和其他的家庭在厦门度过了愉快的几天，彤彤也越来越不怕生了，不但没再哭，还和其他小宝宝们玩得很开心呢！

这些美好的回忆，将来彤彤长大之后，我们都会讲给她听，让她看看她一出生就开始录制的节目，看看她和其他地方的小朋友们玩耍，看看……

　　总之，这个节目记录着彤彤的成长，是我和领导送给她的一个非常有意义的礼物，同时也要感谢节目组对我们一家人的爱护！

安全感

女孩子缺少安全感，我在我的女儿身上深有体会！犹豫着要不要写这篇文章，因为在我写下第一句话的时候，鼻子就酸酸的！我又离开女儿进剧组拍戏了，这个时候她才14个月，会叫"爸爸"了！

真的没有办法，拍戏是我的工作，我要靠这个赚钱养家，所以不得不离开女儿，虽然我心里是十万个不想！有时，真的想不干了，能在香港有个工作，每天可以回家看女儿多好，可在香港我真的不知道能做些什么！现在的想法就是趁年轻多赚点儿钱，让一家人一辈子生活无忧，然后早些退休，陪着家人！哈哈，有了孩子之后，想法真的就变了！

　　我刚离开家的那天，领导也刚好接了剪彩的工作，需要离开家两天，我们就找来领导的妹妹帮着照看女儿。我的小姨子说，我们走的那天晚上，女儿在睡梦中惊醒，睁着大大的眼睛，看到睡在她身边的不是爸爸妈妈，她哭了……哄了好久才睡着，因为她哭得太累了。听到这些，我的心像被刀割一样痛！

　　第三天，领导工作完回家，那时已经是晚上了，女儿已经睡着了。领导说她悄悄地上床，抱着她，突然间，女儿好像做了噩梦一样惊醒，睁着大大的眼睛看着领导，等她认清了睡在她身边的是妈妈后，领导以为女儿会因此而安心，没想到的是，女儿突然大哭起来，这个情形出乎领导的意料。她连忙哄她，说："妈妈回来了，妈妈回来了！"

　　女儿越哭越大声，怎么哄都不行，小手紧紧地抓住妈咪，好像生怕妈妈又要走。我们突然明白了，她这次哭，是在抱怨我们没有待在她身边陪她，她不想爸爸妈妈走。她哭得好伤心，直到喉咙哭哑……领导和我讲这些的时候，我的心像在流血一样！我的女儿真的长大了，虽然她还没有学会讲话，但她什么都懂，什么都知道，她会在爸爸妈妈不在身边的时候哭，她也会在妈妈回家后哭着抱怨！她缺乏安全感！

我要给女儿安全感，这个想法从现在开始有了。我今年34岁，昨天刚刚过完生日，在剧组过的，没有家人的陪伴，过得倒也简单。约上在横店的好朋友，几个人和助理简简单单地吃了顿火锅，看着我成长的好姐姐薛佳凝买了个生日蛋糕给我，生日就这样过了。

有了女儿之后，我的个人生活真的可以简简单单，一切都为了她，为了我的家人！我还要努力，给他们赚到一个安定、舒服的未来！

我相信，我们一家人会过得很幸福，因为我们都不是贪心的人，我们没有太大的抱负，不是非要成为亿万富翁、成为天王巨星！如果说女儿没有出生之前，我还有这样的"抱负"，那么如今我没有了！我现在只想让我的家人能衣食无忧，没有经济压力，可以开开心心、健健康康、幸福快乐地生活！

越长大越觉得"知足常乐"包含了很深的智慧！

手机里的

爸爸

又要出去拍戏了，这一次只有一个半月，时间不算长，再加上拍戏的地点比较简陋，所以没有让女儿和领导来陪我的计划。心想一个半月应该很快就会过去了，自己忍一忍，不想让女儿辛苦地陪我拍戏。临走前，领导还和我开玩笑地说："这次别太想女儿哦，你不会又哭了吧？"我碍于面子，嘴上说着不会，心里却已经流泪了，鼻子酸酸的。眼看着女儿马上就会走路了，看来我要错过这个"第一次"了！

我很感谢现在的科技这么发达，让远在香港的女儿可以每天通过手机和我"见面"，虽然她还不会讲话，可我看到她的样子就已经知足！刚进剧组便投入到紧张的拍摄工作当中，但每天不管多累，只要有时间，我都要和女儿视频。刚开始，她好像有点儿生我的气，为什么爸爸整天不在家，当领导的手机接通后，告诉她爸爸来了，她好像刻意回避我，不看我，无论我怎么叫"彤彤，彤彤，爸爸在这儿呢"，她都不会看我一眼，要不就是玩着自己的玩具，要不就是看着电视，好像我是透明的！

我把青春

给了女儿

每次写文章的时候，我都是先想好了标题再码字。这篇文章的题目一写出来，感觉坏了，写大了，好像自己已经七老八十了，开始回忆青春似的，其实我还在青春期里呢，哈哈！为什么想到这个题目呢？因为女儿出生后，已经吸走了我的全部能量，连平时很喜欢臭美的我也好一阵子没有照镜子

"欣赏"自己了。

突然有一天，给女儿喂完奶之后，留意了一下镜子中的自己，吓我一跳，眼角多了几条皱纹，尤其是笑的时候，很深很深！OMG，不会吧？我以为是自己眼花了，揉了揉眼睛再看，还是有。心想，这是流失了多少骨胶原啊，这么年轻就开始爬皱纹了，怎么办啊？我突然想起了我的另外一个身份，我是演员呢，还要靠脸吃饭的啊，我还想当偶像呢，哈哈！

这时，女儿在一边又开始哭了，我哪儿还顾得上什么偶像不偶像啊，马上又跑到女儿身边哄她！我发现自己真的变了，如果换作以前，我一定先糊上眼霜、眼膜，然后再吃些猪手、花胶，哪能让自己长皱纹啊？现在呢，女儿在我心里已经排第一位了，我的"欧巴"形象一去不复返了，我不要，哈哈！

以前不拍戏的时候，我都会约朋友出来吃个饭啊，喝喝咖啡啊，挺小资的！女儿出生后，朋友聚会参加得少了，哦，不是，是几乎没有了。

因为每次好友聚会，我都问："可以中午聚吗？我晚上出不来，女儿8点就睡觉了，我要看着她呢。"可大家谁会大中午跑来和我喝茶啊，他们又不是老干部，年轻人都喜欢夜生活嘛！所以，没有一次约成的，要么就是他们自己聚了，我没出席；要么这局就散了，下次也没人再"敢"找我了，渐渐地，我就被"年轻"的朋友们遗忘了。

最近还听到朋友讲，他们现在一聚会就会聊到我，都说："丹峰在家带孩子呢！"呜呼，我的女儿啊，爸爸把青春给了你！

我呢，觉得自己平时不够浪漫，这一点，领导已经"投诉"到不想再"投诉"了，如果想让我搞浪漫那就等下辈子吧。但我还是觉得，平时的小温馨还是要有的。我们过二人世界最多的方式就是去看电影，买杯大可乐、一袋爆米花，两个人分着吃，这也算小浪漫吧！

领导怀孕的时候，我还带她去看过几场电影呢！现在，连这一点儿"小温馨""小浪漫"都没有了！这几天，开车路过天桥，旁边的大海报换成了姜文导演的最新电影《一步之遥》，29号上映，领导和我都很想去看，我们说好等女儿睡觉的时候去看，当然不是夜场了，是下午场。

网上订好票，哄女儿睡觉，不知怎的，彤彤好像知道我们要出门似的，到点儿了还是不睡，不停地往门口看，好像自己也想出去看电影。我边哄她，心里边嘀咕着："我的乖女儿啊，快睡吧，给爸爸妈妈一个机会小浪漫一下啦！"眼看着电影时间就要到了，我的"坏"闺女就是不睡，想交给保姆抱，她就是哭着不肯，哭得可惨了，好像我要把她送人似的！得了，甭去了，小家伙不愿意了，我和领导的浪漫计划就这样破灭了！看来女儿出生之后，我们的二人世界真的是"一步之遥"啊！

时间都给了女儿，每天睁开眼睛的第一件事就是跑到客厅看看女儿在干吗。小家伙现在越来越好玩了，虽然还不能自己行走，但是只要我扶着她，她都想要跑了！吃午饭的时候，她就坐在我的旁边，等着我弄鱼肉给她吃。吃完饭就要睡午觉了，她睡觉的时间就是我自由活动的时间，这段时间我就会开车去超市，帮女儿买鸡肉啊、牛肉啊、西蓝花啊、豆腐啊、甜椒等当天的新鲜食材，买回来之后天也快黑了……就这样一天过去了。陪女儿的每一天都觉得过

得好快，一眨眼一天就过去了！有时，身体上会觉得累，但女儿带给了我无穷的欢乐和满足感！

人们常说："只有自己做了父母之后，才能真正体会到父母对自己的那份爱。"没错，我现在举双手赞成！父母的爱是无私的，是伟大的！现在，我的时间、我的青春，甚至是我的生命，都可以毫无保留地给我的女儿，真的！

第四章

爱，就是要经常在一起

Love is always
together

期待
紧张之后的
放松

　　《爱》杀青了，现在在回香港的路上，两个多月的时间，每天都处在紧张的拍摄中，现在一下子停了，感觉脑子一片空白。快一年了，每天不停地工作，每天背台词、化妆、拍戏……最近感觉自己老了很多，皱纹多了几条，呵呵，岁月不饶人啊，真的……但我不怕，男人应该越老越值钱吧，呵呵……

　　还有一部《新还珠格格》没拍完，过几天要去拍。快点去吧，完成它，之后就可以好好休息一下了，去马尔代夫放松一下，一切都会有新的开始……

心中的

马尔代夫

马尔代夫这个名字，我已经不记得是什么时候听到的，它给我最初的印象就是很神秘，神秘到不知道它是个国家还是个岛屿，也可以说我老土，根本就没那么洋气！

直到后来遇见了欣，才慢慢变得洋气起来，知道马尔代夫是个群岛国家，是个凝聚阳光与海滩的旅游胜地，是情侣必去的浪漫度假胜地，20年后可能会从这个地球上消失……这么具有传奇色彩的马尔代夫，你说，谁不想去啊！就是不懂浪漫的人也想去看看呀，怕它消失了呗……

和欣拍拖时就说过要带她去马尔代夫旅行，因为热恋中的男人讲话都"豪气冲天"，明知囊中羞涩，还敢大言不惭……所以，这一句承诺在婚后的第N年才兑现……

　　这期间也有盼着马尔代夫快点消失的念头出现，因为这样可以理由充足地省下银子，但再想想，我这个做老公的也不能这么衰吧，本来就不懂浪漫，还要诅咒这浪漫的地方，最后丢掉了这个不好的念头，拼命赚银子，带欣去马尔代夫浪漫……

灾难面前，

更爱你

刚刚和老婆在中山体育馆演出完，现在在回香港的车上，今天本想着要带上网卡的，结果忘带了，唉！

最近灾难挺多的，云南刚地震，日本又来了个9.0级地震，真的很恐怖。我在电视上看到海啸冲走屋、车、人……像看电影一样，很恐怖！今天新闻报道，死亡人数已有2000多人，对于日本来说真的算是灾难了，首相都说这是"二战"以来最大的灾难，为他们祈福吧！

还有几天就要去马尔代夫了，虽然有点儿受这次大地震的影响，有点儿担心……唉……人的命，天注定……我爱你，老婆！

一次

浪漫之旅

马尔代夫的当地时间是晚上10：05分，比北京时间慢3个小时。知道我现在在哪儿吗？马尔代夫，Anantara岛，住在水上别墅，我现在和太太正躺在露台上，看着满天的星星感叹世界，好美啊！

这里像是天堂，从任何一个角度拍下的照片都是一幅画，好美啊！这里可以让人忘记所有烦恼，简直是世外桃源！我好喜欢这里，没有压力，没有钢筋水泥，有的是和自然的亲密接触！我抽着古巴的Cohiba雪茄，感叹世界，真心不想再回到那现实的世界中啊！

呵呵，那是不现实的，因为我有家人，

有责任在身啊！呵呵，问我下辈子还选择做男人吗，说实话吗？做个漂亮的女人也不赖，哈哈！下辈子做男人、女人都可以啦！老婆躺在那里敷面膜，吵着要看今天的照片，好了好了，来了，给你看相片啦，今天拍了好多好多……

常回家

看看

现在在去北京的飞机上，这次去北京要和导演谈谈电影的事，希望谈得顺利！

31号在哈尔滨，我和太太补办婚礼答谢会，挺顺利的！太太1号就走了，挺想她在家多留几天的，可以带她多欣赏一下我家乡的冬景。

这次回来的感觉很亲切，我这个浪子出去差不多10年了，说真心话，我很爱我的故乡，很习惯，很适应，以后真的要多回来，真的要多回来！看到还有那么多亲人在这里，真的要多回来啊！以后，去北京就要多回家看看！

刚回来看到姥姥躺在床上，吃饭被呛到，真的好难受！姥姥的身体一年不如一年了，我很惭愧，没能经常回来看她！我以后一定要常回来看你，姥姥，我爱你！

明天谈完事我就回来，多和家人待在一起！

新年

快乐

今天是大年三十，我早上8点半就起床了，这几天总被果果吵醒。呵呵，早睡早起身体好！

老妈正在给大姨打电话，问大牛昨天见女朋友家长的情况，大姨说人家父母挺满意的，挺好！

现在在家里看新闻，全部是春节的报道。外面响着鞭炮声，在东北过年真的好热闹！还没吃午饭，停水了，老妈总催王叔问物业啥时候来水。不用急，一定有好多人问呢！

下午去奶奶家，晚上出去吃饭，再晚点儿就去奶奶家看老爸他们。

太太和儿子在香港过年，挺想他们的，但我已经有3年没在家过年了，今年一定要陪爸妈过个年！

这次回来真的感触挺多的，老妈没什么变化，心态挺好，我很放心！以后一定要多回来，这次回来好亲切、好熟悉，吃得也好合口味！总之，我对家乡的一切都很习惯，以后常回来就是了！

虎年要到了，希望家人身体健康、幸福平安！希望老婆身体好、心情好！希望儿子好好学习、健康成长！希望自己的事业越来越顺利！

新年快乐！

我的

牵挂

现在在机场候机，原先那班被取消了，幸好免费换了一班直接到深圳的，不用去北京转机了！

这几天在家过年挺开心的！昨天在姥姥家吃饭，姥姥知道我要走，哭了，我好难受！这次回来看到姥姥的状态越来越好，好开心！

今天走的时候真的有点儿舍不得，我爱我的家乡，这里有我的回忆，有我的家人！哈尔滨永远是我的归宿，我爱这里！

晚上就能到香港了，那里也有我的家人——老婆和儿子，他们也是我的牵挂！出来这半个月，我也很想他们，人真的好矛盾啊！

姥姥

走了

今天中午12点钟，姥姥走了。下午1点起来后宝宝拿手机给我看，二十几个未接电话，是大牛打来的，我就有一种不祥的预感，一定是出事了。大牛、二牛10点半就开始打我电话，打不通就发了短信告诉我："姥姥病危，速回电。"

我的脑袋嗡的一下，这两天我就总想着姥姥，因为这几天我看到一些新闻说内地的药有问题，再联想到姥姥先前每次生病都是在姥姥家门口的那个小诊所打点滴，所以这几天就想告诉妈妈下次带姥姥去其他医院打。前天，带宝宝去滑冰的时候打电话给妈妈，王叔说妈妈不在家，我就觉得有点儿纳闷，本想多问些，但又怕王叔多想就没问，昨天和Ada他们去吃饭又没打，今天就出事了！

现在在飞机上，和二牛一起回家，要送姥姥最后一程！

姥姥，我知道你现在已经上了天堂，因为你是个好人，你和姥爷团聚了！姥姥，对不起，峰峰没能见你最后一面，我想你！想想这几年来我都很少回家看你，我真的很愧疚！你的心脏病还是因为我小时候流鼻血把你吓到了引发的，都是因为我，姥姥，对不起啊！你要在那边和姥爷过幸福的日子！我知道，姥爷走后，你就一直病到现在，很辛苦，整天躺在床上很辛苦！姥姥，你走好！姥姥，今年过年回家的一幕一幕，我今生都不会忘！真的对不起，姥姥，这么多年，没能常回家看看你，我好内疚！

想念

姥姥

今天去看了姥姥，她很安详，穿着基督教徒的衣服，像个小娃娃。我没有流眼泪，姥姥，不要怪我！我知道你去了天堂，外孙以后也会好好信基督教，以后去天堂找你！我知道这是一种解脱，上次回来看到你躺在床上，真的很心酸！我相信你是去找姥爷了，他一定会在那里等你。姥姥、姥爷，你们在天堂等我吧！

今天回到姥姥家，看到了我给你买的那张床，好心痛！我给你买的那张床你还没有睡多久，我给你买的那辆轮椅，本来想着今

年夏天叫大牛抬你到院子里看看的， 现在已经没有机会了。姥姥

你知道我有多内疚吗？没能早点儿回来给你买床和轮椅，让你减

轻一点儿痛苦！姥姥，我真的好后悔啊！

姥姥、姥爷，

爱你们！

刚刚起身，浑身很酸痛，也许还有高原反应吧。刚刚做梦梦到了姥姥，她躺在床上，我叫她，她有反应。我拼命地想把她叫醒……姥姥，我好想你！你在天堂过得好吗？和姥爷在一起了吗？你们在天堂一定要幸福啊！不要再那么节省了，想吃什么就吃吧，辛辛苦苦一辈子了，要开始享受啊！姥姥、姥爷，我爱你们，永远想你们！

童年

　　中国北方有座美丽的冰城——哈尔滨，人们称之为"东方小巴黎"。由于没去过巴黎，也无法验证它是否真的像法国的巴黎，但小的时候已经把它看成我心目中的巴黎了！

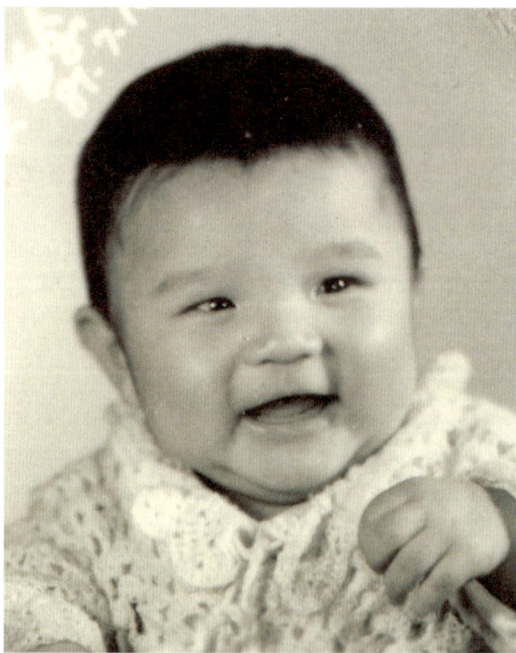

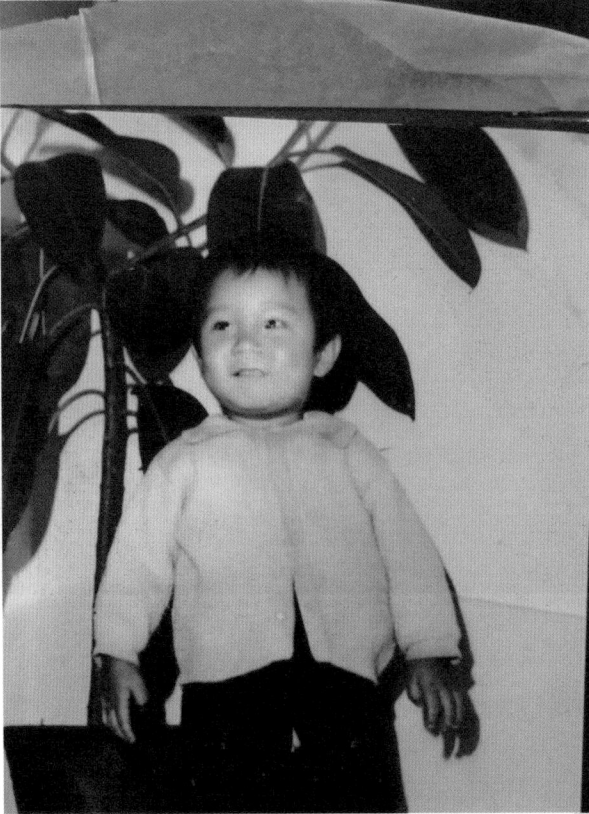

　　我出生在香坊区的一家小妇产医院里，时间是1981年4月1日凌晨1点左右。为什么这么肯定是4月1日的凌晨1点，因为老妈说再早一点儿就是3月31日了。当时老妈一定还不知道那天是愚人节，是个全世界人都可以说谎的日子，所以我常说自己的出生是老天开的一个玩笑！

我不知道我出生的第一眼看到了谁，但后来老妈总抱怨我在肚子里长得太大，8斤多，让她生产的时候十分辛苦。

可能因为刚出生时太胖了吧，害得我现在想肥都肥不起来，只能自我安慰："老子曾经也是个小胖子！"

听说我出生时有我奶奶和三婶在场，不知我爸在不在，回头要问下老妈！

胖小子出生了，叫什么名字呢？这个工作就由我爷爷来做了。由于我这辈排"丹"字，所以我就续我表姐张丹扬之后，叫"张丹峰"！

当时老妈还和老爸讨论过，想把他们两个人的姓加在一起，叫"张于"，好巧我大爷叫张宇，因为有点儿类似，所以就罢了。

张丹峰，我挺喜欢这个名字的！人家听起来像张三丰，好记！起码咱也可以和大师联系到一块儿啊！长大了之后，我和人家解释我的名字时总带点儿不羁的诗意："'张'开翅膀'单'独一人像

'风'一样飞来飞去！"那个年纪是叛逆的，总觉得自己要像个浪子那样才够酷，现在回头想想这种解释都有点儿起鸡皮疙瘩！

我们老张家绝对是个大家庭，爷爷奶奶为了要个女孩儿一口气生了5个男孩儿，这种毅力我是很佩服的，所以我就有一个大爷三个叔叔了。还好我排行老二，又是长孙，我的几个弟弟妹妹的名字就一个比一个难听：张丹晨、张丹瑶、张丹石！

听说爷爷当时是香坊区有名的外科医生，专门给人家开刀的，所以号称"张一刀"，想必当时一定很风光！由于我是长孙，爷爷很疼我，常常带我去医院玩儿。听说有一次我在医院放了个响屁把自己吓哭了，爷爷一直把这个笑话挂在嘴边和人家讲，幸好那时我只有几个月大，不然我一定会害羞死的！

我人生的第一次开刀手术就是我爷爷帮我做的，现在我反复看也没看出来哪里开过刀，可见我爷爷是名副其实的"张一刀"！

那时我的爷爷和我的姥爷很要好，他经常会到我姥姥家和姥爷喝酒。当时爷爷想退休自己开个私人诊所，姥爷坚决反对。因为我的姥爷是个老革命，资本主义的东西他可不敢碰。但现在想想我还是挺佩服我爷爷的，很有经济头脑，我敢保证如果他当时开私人诊所的话，一定会很赚钱！

还有一次爷爷在姥爷家喝多了酒，在回家的路上和人打架，被一个年轻人打伤了，可见爷爷还是个挺性情的人。按我妈的话说就是好人不长命，爷爷在我8个月大的时候就过世了，后来还经常听老妈念叨爷爷在病床上想抱我却已没有力气，就对我说："峰峰，爷爷再也抱不动你了……"不知我当时是否能感受到爷爷对我的爱，总之，关于爷爷的片段就这么多了，而且都是老妈后来讲给我听的。

我开始有记忆应该是五六岁的时候吧，我还记得奶奶家的小洋房。提到洋房一定要讲讲哈尔滨的建筑风格，由于我们离俄罗斯很近，所以有好多建筑都是俄式风格的，奶奶家的小洋房便是此风格。

千万不要认为我们家是贵族，我奶奶家开了个小旅馆，那小洋房是给旅客住的，他们住在小洋房对面的小平房里。院子里养了条大狼狗，小时候我还喂过它，好像还有几棵葡萄树，家里还酿过葡萄酒。小洋房前面有棵樱桃树，夏天的时候我经常爬到树上摘樱桃，红红的、小小的那种樱桃！

　　最热闹的时候应该是过年了，旅客们大都回家过年了，所以那个小洋房就变成了我们小孩儿的天地。床是上下铺的，爬上爬下便成了我们的游戏内容。小时候，表姐是老大，我们小点的孩子都跟她混。这个老大不光是针对我们家里的小孩儿，连邻居的小孩儿也是她的小弟，表姐很有大家风范！一直到今天，她都很照顾奶奶家的这几个弟弟妹妹，谁到上海都去她家住。

　　我奶奶还有个妹妹，我管她叫姨奶。姨奶中年得子，所以按辈分我们都应管他叫小叔，其实他年龄和我一样大！按月份他还比我小呢，我们当然不服气，尤其是我表姐，年龄都比他大，而且表姐是我们的老大，当然不会轻易叫他小叔，于是表姐经常带我们一起欺负他，具体事件我不记得了，总之，小叔那时极不受我们的欢迎。

　　小时候我是和爸爸妈妈一起住在姥姥家的，所以在姥姥家的那段生活给我留下的印象最深！我有一个舅舅和一个小姨，我妈排行老大。

姥爷是个老八路，绝对是条汉子。姥爷、姥姥的恋爱史十分传奇，他们都是山东人，家在荣成的山村。当时姥姥一定是个大美人，姥爷要和她好，姥姥提出的唯一条件就是带她走出那个山沟沟。姥爷做到了，姥爷一路打仗一路带着姥姥，所以三个子女生在了不同地方，老妈好像是在山东，舅舅在大连，小姨在哈尔滨。

上的幼稚园就在姥爷家附近，好像是在军队里面，那时的我很喜欢画画，最有印象的是"下山虎"，我是看着姥爷的沙发套上的老虎画的，很逼真！说实话，在那个年龄我已经感觉自己有画画的天赋了，当时我画的画儿经常被老师贴在教室的墙上。

记得那时老妈好像还不是很赞成我画画，因为听说我奶奶家那边有个什么亲戚很会画画，是个疯子，精神上有问题。还记得奶奶家一进院对着的小屋就是那个疯子亲戚住的，每次去奶奶家都对那个永远关着门的小屋有一种好奇和恐惧。我好像进去过，但印象不深，那个亲戚我也没见过。

对幼稚园的印象现在越来越淡了，那时除了画画好之外，好像也没什么其他的特长。记得那时学人家吹口哨，还偷偷跑到厕所吹，第一次吹出声还特别兴奋。那时我有喜欢的女生吗？我想一下啊，哈哈，没有！要说喜欢，我应该喜欢我的老师吧，教我什么课程我不记得了，长什么样我已经没有印象了，但我记得她很白，脸上还有点儿青春痘。

我想凭这一点儿我应该有点儿喜欢那位老师吧，因为到现在还记得她。

小时候在姥姥家住，应该算是军队大院吧，姥爷是军人。军队大院的生活没什么特别之处，就是大院门口有人站岗，走廊楼梯每天有小兵来打扫罢了。我们住二栋一单元二楼二门，一梯两户。

讲到姥爷，我现在好想他，我真的好爱他！别人说我身上像老年人的地方，我相信都是受他的影响！我能感觉到，像我冲茶、喝茶时发出的叹息声和姥爷很像！每当我遇到热的东西用嘴吹时，我就会想到，有一次姥爷在厨房杀活鸡，我当时为了演小品就在旁边看，他用开水烫鸡毛的时候，嘴不停地在吹热气，我一直都记得这个场景，忘不了的！

姥爷很喜欢坐在沙发上看《新闻联播》，让我搬个小板凳坐在他旁边，用木梳子帮他梳头。那时我常常偷懒，梳几下就偷偷溜走了，心想有什么好梳的！但我现在知道了，梳头好舒服的，我都好喜欢做头部按摩，好后悔没能给姥爷多梳几下，现在想梳都没有机会了！

每天晚上7点的《新闻联播》是姥爷必看的，我常常在他周围爬来爬去，以姥爷没有发现我为胜利，现在想想只是姥爷那时不爱理我罢了。

我现在喜欢养鱼养花，养一些有生命的东西，全是受姥爷的影响。那时姥爷很爱养花养鸟，我常和姥爷一起拿着鸟笼，坐104无轨电车去道外的花鸟鱼市场买鸟——虎皮鹦鹉。虎皮鹦鹉很容易繁殖，笼子里放个小房子，它们就会钻到里面生小宝宝了，那时我看到有小鹦鹉从房子里钻出来就十分兴奋。

我还养过凤尾鱼、鸽子、金钱龟、小老鼠、小鸭子、小鸡。冬天到了，满大街都是那些鸡贩子、鸭贩子，他们的自行车后面放着一窝窝鸡、鸭崽子，好可爱！每次都嚷着买，但买回家又很难养活，也不知道为什么。看来精心呵护有些生命反而会起反作用。

小时候，我的舅舅很宠我，我一般想要什么，舅舅知道后都会满足我。我很喜欢大鹦鹉，也就是绯胸鹦鹉，站到架子上养的，可以教它说话的那种！

我想舅舅那时的工资也不会太多，但他还是花了900多块钱买了只大鹦鹉给我，黑色的嘴（母的黑嘴，公的红嘴），我给它起名叫"贝贝"。后来舅舅又买了一对小的绯胸鹦鹉给我，记得是300多块钱一对。终于有一只红嘴的了，我把它们养在姥姥家窗台上的笼子里，它们竟用那锋利的嘴把笼子咬破，自己飞走了。

"贝贝"吃东西的时候最好笑了，像个人，嗑瓜子能很准确地吃到仁，扔掉皮。吃苹果会用一只脚拿着，用嘴吃，很可爱！一直想教"贝贝"说话，后来听人说要脱掉鹦鹉舌头的外皮才能教会它说话，我觉得那样太残忍，所以也就不再打算教它说话了。

后来，实在没精力养它了，就让姥姥帮着养，再后来姥姥也不养，老妈就送给同事了，再再后来，听说那位同事家里漏煤气，"贝贝"牺牲了！我作为它的第一个主人为此也要负点儿责任吧，此后对于任何生命，我都会认真考虑清楚后才决定是否养，养就要负责！

我还记得那时养小鸭子，买回来真的好开心，马上拿一个大洗衣盆装满水，让小鸭子在里面游水，因为在电视里看到过这种情景。最可笑的就是我认为鸭子是生活在水里的，会不停地游，所以我出门的时候也没理它，心想它可以开心地游水了。谁知等我回家的时候，鸭子竟牺牲了！后来才知道，鸭子不是总生活在水里的，它因为上不了岸，活活在盆里累死了！我可真行！

冬天养小鸡，还要拿灯照它，怕它冻死！每次挑小鸡的时候，我会挑鸡里面最活泼的，但不知怎的一拿回家就蔫儿了，即使买个两三只做伴都没用，最终都会牺牲！

总之，小时候特别喜欢小动物，绝对是受姥爷的影响，但养什么动物，最终的结局都是壮烈牺牲！现在想想真的对不起那些小生命！

记得有一次，老爸带我回姥姥家，在那个大院里问我想不想要一辆自行车。那时院里的很多小朋友都有小自行车，我当然说想。没过多久，一辆崭新的自行车就摆在家里了，我当时好开心！

我还记得自行车是白色的，四个轮，后轮两边各有两个小轮，防止像我这样第一次骑车的人摔倒。我到楼下第一次骑的时候好紧张，姥姥在阳台上看着我，当时还有好多同院的小朋友在，其实有两个小轮能保持平衡，骑起来十分容易。

姥姥家后面有棚子，每家一个，前面还有个菜窖，冬天可以把大白菜、土豆放在里面过冬，我经常和姥姥下菜窖拿大白菜。夏天我就和院里的小伙伴去踩棚子顶玩，有时还冒险去我家三楼楼顶掏鸟窝。

现在想想都挺后怕的，万一从楼顶摔下来，后果不堪设想！现在的棚子已经有好多都没顶了，唯独姥姥家那个棚子被舅舅维护得很好，里面还能放东西，还能用。菜窖应该已经报废了，大白菜、土豆不用秋天买来储存，现在可以直接去超市买。随着岁月的变迁，儿时的好多玩物真的一去不复返了！

儿时夏天玩大泥巴，自己捏个方碗形，口冲下拍，看谁拍出个洞谁就赢。弹玻璃球，谁弹中对方的球就算赢，奖励是获得对方的一个球，好玩！红灯绿灯小白灯、捉迷藏……

上小学之前我待在姥姥家，姥姥家有我儿时的记忆，我很怀念！姥爷严肃寡言，姥姥慈祥温柔，我在姥姥家过得很开心、很幸福，我爱姥爷、姥姥！

姥姥家院里还有个游泳池，现在好像变成幼儿园了，我那时经常在那儿游泳。现在仿佛还能闻到泳池的消毒水味，呵呵，这可能就是"味道记忆"吧，我好怀念！

　　要上小学时，我的生活发生了变化。开始是爸爸分到了一个小房子，在香坊区六顺街，离姥姥家很远。房子有两个房间，没有客厅，一进门就是厨房，左手边是一个小卫生间，蹲便的，洗澡也要站在蹲便器上洗。现在觉得房子很小，但那时已经算可以的了！小时候睡觉都喜欢睡在父母中间，所以现在儿子要睡在我和领导中间我也很能理解，每次都满足他！

　　爸爸那时要和妈妈离婚，当时我对离婚的概念不是很清楚，后来妈妈和我说就是爸爸妈妈要分开了。

　　他俩谈恋爱的时候，姥姥、姥爷都很反对。他们好像是下乡时认识的，我爸是个司机，穿喇叭裤，在我姥爷眼里他是个不良少年。按老妈的话说，原来在军队大院里追求她的人不计其数，也不知道怎么鬼迷心窍就喜欢上老爸了，现在又要离婚，她很后悔！

　　爸妈离婚后的第三天，老妈才和姥爷、姥姥说，我相信姥爷、姥姥一定很不开心。老妈还说过当时和老爸谈恋爱时，有一次姥爷、姥姥和老妈去看电影，中途老妈偷偷回家见老爸，姥爷发现后后脚就追回家了，当时把姥姥吓个半死！现在老爸这个样子，老妈一定很难过，现在想想老妈那时一定也很受刺激！

　　写到这里本来想继续写的，但我的心情有点儿激动，我想把此时的想法写出来，从前和现在我都不恨我爸，那是他的选择，虽然伤害了我和妈妈，但只要他能开心幸福就好。老妈把我照顾得很好，我很感激我的妈妈，这辈子我都要好好孝敬我的妈妈，她真的很不容易！